物化历史系列

陵寝史话

A Brief History of
Mausoleums in China

刘庆柱　李毓芳 / 著

社会科学文献出版社
SOCIAL SCIENCES ACADEMIC PRESS (CHINA)

图书在版编目（CIP）数据

陵寝史话/刘庆柱，李毓芳著.—北京：社会科学文献出版社，2011.12
（中国史话）
ISBN 978-7-5097-2808-6

Ⅰ.①陵… Ⅱ.①刘…②李… Ⅲ.①陵墓-史料-中国 Ⅳ.①K928.76

中国版本图书馆 CIP 数据核字（2011）第 217708 号

"十二五"国家重点出版规划项目

中国史话·物化历史系列

陵寝史话

著　者 / 刘庆柱　李毓芳

出 版 人 / 谢寿光
出 版 者 / 社会科学文献出版社
地　　址 / 北京市西城区北三环中路甲29号院3号楼华龙大厦
邮政编码 / 100029

责任部门 / 人文科学图书事业部 （010）59367215
电子信箱 / renwen@ssap.cn
责任编辑 / 宋淑洁　岳　蕾
责任校对 / 黄　丹
责任印制 / 岳　阳
总 经 销 / 社会科学文献出版社发行部
　　　　　（010）59367081　59367089
读者服务 / 读者服务中心（010）59367028

印　　装 / 北京画中画印刷有限公司
开　　本 / 889mm×1194mm　1/32　印张 / 6.625
版　　次 / 2011年12月第1版　字数 / 130千字
印　　次 / 2011年12月第1次印刷
书　　号 / ISBN 978-7-5097-2808-6
定　　价 / 15.00元

本书如有破损、缺页、装订错误，请与本社读者服务中心联系更换
▲ 版权所有　翻印必究

《中国史话》编辑委员会

主　　任　陈奎元

副 主 任　武　寅

委　　员　(以姓氏笔画为序)
　　　　　　卜宪群　王　巍　刘庆柱
　　　　　　步　平　张顺洪　张海鹏
　　　　　　陈祖武　陈高华　林甘泉
　　　　　　耿云志　廖学盛

总　序

中国是一个有着悠久文化历史的古老国度,从传说中的三皇五帝到中华人民共和国的建立,生活在这片土地上的人们从来都没有停止过探寻、创造的脚步。长沙马王堆出土的轻若烟雾、薄如蝉翼的素纱衣向世人昭示着古人在丝绸纺织、制作方面所达到的高度;敦煌莫高窟近五百个洞窟中的两千多尊彩塑雕像和大量的彩绘壁画又向世人显示了古人在雕塑和绘画方面所取得的成绩;还有青铜器、唐三彩、园林建筑、宫殿建筑,以及书法、诗歌、茶道、中医等物质与非物质文化遗产,它们无不向世人展示了中华五千年文化的灿烂与辉煌,展示了中国这一古老国度的魅力与绚烂。这是一份宝贵的遗产,值得我们每一位炎黄子孙珍视。

历史不会永远眷顾任何一个民族或一个国家,当世界进入近代之时,曾经一千多年雄踞世界发展高峰的古老中国,从巅峰跌落。1840年鸦片战争的炮声打破了清帝国"天朝上国"的迷梦,从此中国沦为被列强宰割的羔羊。一个个不平等条约的签订,不仅使中国大量的白银外流，更使中国的领土一步步被列强侵占，国库亏空，民不聊生。东方古国曾经拥有的辉煌，也随着西方列强坚船利炮的轰击而烟消云散，中国一步步堕入了半殖民地的深渊。不甘屈服的中国人民也由此开始了救国救民、富国图强的抗争之路。从洋务运动到维新变法，从太平天国到辛亥革命，从五四运动到中国共产党领导的新民主主义革命，中国人民屡败屡战，终于认识到了"只有社会主义才能救中国，只有社会主义才能发展中国"这一道理。中国共产党领导中国人民推倒三座大山，建立了新中国，从此饱受屈辱与蹂躏的中国人民站起来了。古老的中国焕发出新的生机与活力，摆脱了任人宰割与欺侮的历史，屹立于世界民族之林。每一位中华儿女应当了解中华民族数千年的文明史，也应当牢记鸦片战争以来一百多年民族屈辱的历史。

当我们步入全球化大潮的21世纪，信息技术革命迅猛发展，地区之间的交流壁垒被互联网之类的新兴交流工具所打破，世界的多元性展示在世人面前。世界上任何一个区域都不可避免地存在着两种以上文化的交汇与碰撞，但不可否认的是，近些年来，随着市场经济的大潮，西方文化扑面而来，有些人唯西方为时尚，把民族的传统丢在一边。大批年轻人甚至比西方人还热衷于圣诞节、情人节与洋快餐，对我国各民族的重大节日以及中国历史的基本知识却茫然无知，这是中华民族实现复兴大业中的重大忧患。

中国之所以为中国，中华民族之所以历数千年而不分离,根基就在于五千年来一脉相传的中华文明。如果丢弃了千百年来一脉相承的文化,任凭外来文化随意浸染,很难设想13亿中国人到哪里去寻找民族向心力和凝聚力。在推进社会主义现代化、实现民族复兴的伟大事业中,大力弘扬优秀的中华民族文化和民族精神,弘扬中华文化的爱国主义传统和民族自尊意识,在建设中国特色社会主义的进程中,构建具有中国特色的文化价值体系,光大中华民族的优秀传统文化是一件任重而道远的事业。

当前,我国进入了经济体制深刻变革、社会结构深刻变动、利益格局深刻调整、思想观念深刻变化的新的历史时期。面对新的历史任务和来自各方的新挑战,全党和全国人民都需要学习和把握社会主义核心价值体系,进一步形成全社会共同的理想信念和道德规范,打牢全党全国各族人民团结奋斗的思想道德基础,形成全民族奋发向上的精神力量,这是我们建设社会主义和谐社会的思想保证。中国社会科学院作为国家社会科学研究的机构,有责任为此作出贡献。我们在编写出版《中华文明史话》与《百年中国史话》的基础上,组织院内外各研究领域的专家,融合近年来的最新研究,编辑出版大型历史知识系列丛书——《中国史话》,其目的就在于为广大人民群众尤其是青少年提供一套较为完整、准确地介绍中国历史和传统文化的普及类系列丛书,从而使生活在信息时代的人们尤其是青少年能够了解自己祖先的历史,在东西南北文化的交流中由知己到知彼,善于取人之长补己之短，在中国与世界各国愈来愈深的文化交融中，保持自己的本色与特色，将中华民族自强不息、厚德载物的精神永远发扬下去。

《中国史话》系列丛书首批计200种，每种10万字左右，主要从政治、经济、文化、军事、哲学、艺术、科技、饮食、服饰、交通、建筑等各个方面介绍了从古至今数千年来中华文明发展和变迁的历史。这些历史不仅展现了中华五千年文化的辉煌，展现了先民的智慧与创造精神，而且展现了中国人民的不屈与抗争精神。我们衷心地希望这套普及历史知识的丛书对广大人民群众进一步了解中华民族的优秀文化传统，增强民族自尊心和自豪感发挥应有的作用，鼓舞广大人民群众特别是新一代的劳动者和建设者在建设中国特色社会主义的道路上不断阔步前进，为我们祖国美好的未来贡献更大的力量。

2011年4月

⊙刘庆柱

作者小传

刘庆柱，男，汉族。1943年生于天津市。1967年毕业于北京大学历史系考古专业。中国社会科学院学部委员、中国社会科学院古代文明研究中心学术委员会主任、中国社会科学院历史学部主任。《考古学报》《考古学集刊》《中国考古学》（英文版）主编。国家级有突出贡献专家、享受国务院颁发政府特殊津贴的专家。德国考古研究院通讯院士。中国古都学会名誉会长。

先后参加并主持秦都咸阳、汉唐帝陵、秦汉栎阳城、汉杜陵陵园、汉长安城、秦阿房宫遗址等考古勘探、发掘。已出版考古学专刊、专著、论文集十余部，论文二百多篇。本人研究领域主要为中国古代都城考古学、古代帝王陵墓考古学和秦汉考古学。

⊙李毓芳

作者小传

　　李毓芳，女，汉族，1943年生于北京。1967年北京大学考古专业毕业。中国社会科学院考古研究所研究员，享受国务院颁发政府特殊津贴的专家。

　　先后参加并主持汉高祖长陵陪葬墓发掘、秦都咸阳考古勘探与发掘、汉唐帝陵的考古调查与发掘、秦汉栎阳故城遗址勘探与发掘、汉长安城遗址勘探与发掘、秦阿房宫遗址勘探与发掘。

　　出版、发表了中国古代都城、帝王陵墓和汉唐考古学研究专著多部、论文数十篇。主要专著有《汉长安城未央宫》(中国大百科全书出版社，1996年)、《汉杜陵陵园遗址》(科学出版社，1993年)、《前汉皇帝陵的研究》(日本东京学生社出版)。

目 录

引 言 …………………………………………… 1

一 陵寝发展简史 ……………………………… 3
  1. 陵墓 ……………………………………… 3
  2. 陵园 ……………………………………… 7
  3. 礼制建筑 ………………………………… 8
  4. 人殉与陪葬 ……………………………… 10
  5. 陵前石刻 ………………………………… 14

二 传说时代的帝王陵墓 ……………………… 25

三 商代王陵 …………………………………… 29

四 周代王陵 …………………………………… 34
  1. 西周王陵 ………………………………… 34
  2. 东周王陵 ………………………………… 34
  3. 雍城秦陵和秦东陵 ……………………… 35
  4. 齐公陵和齐王陵 ………………………… 41

1

5. 燕王陵 ………………………………… 43

6. 赵王陵 ………………………………… 44

7. 魏王陵 ………………………………… 46

8. 中山国王陵 …………………………… 47

五 秦始皇陵 …………………………… 50

1. 陵园 …………………………………… 50

2. 陵墓 …………………………………… 54

3. 陵园之外陪葬坑 ……………………… 56

4. 陵园之外陪葬墓 ……………………… 59

5. 陵区的刑徒墓地 ……………………… 60

六 汉代帝陵 …………………………… 62

1. 西汉帝陵 ……………………………… 62

2. 东汉帝陵 ……………………………… 91

七 魏晋南北朝时期的帝陵 …………… 92

1. 曹魏帝陵 ……………………………… 92

2. 西晋帝陵 ……………………………… 93

3. 六朝帝陵 ……………………………… 95

4. 北朝帝陵 ……………………………… 99

八 隋唐帝陵 …………………………… 104

1. 隋代帝陵 ……………………………… 104

2. 唐代帝陵 ……………………………… 105

九 五代时期的帝陵 ······ 132
1. 前蜀永陵 ······ 132
2. 南唐二陵 ······ 133

十 宋代帝陵 ······ 137
1. 巩义宋陵概况 ······ 137
2. 太祖赵匡胤永昌陵 ······ 144
3. 仁宗赵祯永昭陵 ······ 147

十一 西夏王陵 ······ 149

十二 明代帝陵 ······ 155
1. 安徽凤阳明皇陵 ······ 155
2. 江苏泗洪明祖陵 ······ 156
3. 南京太祖明孝陵 ······ 157
4. 北京明十三陵 ······ 161

十三 清代帝陵 ······ 173
1. 盛京三陵 ······ 175
2. 清东陵 ······ 179
3. 清西陵 ······ 183

参考书目 ······ 186

引 言

早在旧石器时代晚期，人们已知道安葬死者。考古工作者发现的北京周口店山顶洞人墓葬，是目前我们所知中国最早的先民墓葬，它们有着一定的埋葬方式。进入新石器时代，墓葬逐渐形成了一定的制度。随着文明时代的到来，阶级、社会的产生，国家的形成，墓葬制度渐趋完备。国家最高统治者的陵墓有着自己特定的规制与要求，从陵墓形状、大小，陵区布局等诸多方面形成一套严格的制度，这种制度在中国古时历代相承，并逐渐发展，形成中国古代帝王陵寝发展的历史。

由于历史局限性，时代越早古代人们对生死的认识越不清楚。他们认为人永远不会死，阳间世界的人死了便进入阴间世界，于是产生了"事死如生"的埋葬习俗。古人的丧葬活动成为当时人们社会生活的历史折射，现在对古代丧葬制度的研究，也就成了探索古代历史的主要方法之一。由于古代帝王在历史上曾发生过重要作用，因此对帝王陵寝的研究，对揭示、认识、研究古代历史，尤其是最高统治阶级的历史无疑是条极为重要线索。

现在,我国保存的重要文物古迹,以古代帝王陵寝数目最多、规模最大,它们是文物考古工作的主要研究对象之一,也是对外开放、参观旅游的重要场所。研究、介绍古代陵寝发展历史,对弘扬中华民族优秀历史文化遗产,对了解古代历史,对增强人们热爱与保护珍贵历史文物的意识,都有着积极的意义。

一　陵寝发展简史

中国古代帝王陵寝主要包括了帝王陵墓、陵园、陵区礼制建筑及其他附属建筑、陪葬墓、陪葬坑和陵前石刻等。

陵墓

上古时代，人死后埋葬在地下称"墓"。后来人们在死人的墓上堆起土堆，称为"坟"或"冢"，根据土堆形状也有称"丘"的。从目前考古材料来看，西周以前，墓上一般不筑坟。当时人们认为，人死埋葬就是为了"藏"起来，因为死人进入了另一个世界，活人不能与死人相见。但是活人为了使死者在"阴间"生活得更好，他们埋葬了死者后还要对其进行祭祀，于是在墓地附近修建了祭祀性建筑物。统治者的祭祀活动大，祭祀场地也就大，祭祀建筑也很考究，这些建筑物有的甚至仿照死者生前使用的殿堂建筑形式与规模。在商代晚期都城殷墟遗址发现，这种祭祀建筑物往往直接营建于墓室之上，如安阳大司空村商代墓和著名的商代女将军妇好墓。到了春秋时代，高台建筑兴起，达官贵族们的墓上也堆筑起形如"堂"、"屋"台基一类的封土。封土的高低、大小往往还成为墓主生前地位的象征。自然，帝王墓葬的封土是最高大的。为了区别帝王与其他人的封土名称，约从战国时代，帝王或国君的坟墓开始称"陵"。"陵"字原意为高平广大的地方。由于帝王或国君的坟墓修建得十分高大，犹如高山，因而其坟墓又称"山陵"。后来又有称"山陵"为"山"者，但"山"作为国君坟墓不能单独使用，如秦始皇陵墓则有"骊山"之称，汉高祖刘邦陵墓又称"长山"。

帝王陵墓，开始往往没有专名，如秦始皇的陵墓称"始皇陵"，或以其陵墓所在地名称之，始皇陵葬地当时称"骊"，故又称"骊山"。还有的帝王或国君陵墓因系生前所建，称为"寿陵"，赵肃侯和秦孝文王的陵墓就属于这种情况。所谓"寿陵"，犹如近代一些老年人生前置办的棺材以"寿材"为名。战国时代晚期，有少数帝王或国君的陵墓有了专用名，如秦惠文王公陵和秦悼武王永陵。从西汉开始，皇帝陵墓都有专名，如汉高祖刘邦的长陵、汉武帝刘彻的茂陵、唐太宗李世民的昭陵、唐玄宗李隆基的泰陵、宋太祖赵匡胤的永昌陵、明太祖朱元璋的孝陵、明神宗朱翊钧的定陵、清圣祖康熙的景陵、清高宗乾隆的裕陵等。皇帝陵墓名称，开始多使用地名的简称，除前述秦始皇陵称"骊山"外，汉高祖刘邦的长陵、汉惠帝刘盈的安陵、汉文帝刘恒的霸陵、汉景帝刘启的阳陵、汉武帝刘彻的茂陵等，都属于以地名为陵名的。西汉以后，皇帝陵名大多取吉祥词语命名，以地名为陵名者很少，因而历代皇帝陵墓名称雷同者甚多，如唐、宋、明、清四代皇帝陵墓均有以昭陵、定陵、泰陵、景陵命名的。

帝王的陵墓多有高大封土，如秦惠文王公陵、邯郸赵王陵、易县燕王陵、临淄齐王陵等。秦始皇为自己修建的陵墓，封土十分高大，在中国古代帝陵之中可谓登峰造极。西汉帝陵封土多为覆斗形。魏晋时代，战乱频繁，统治者目睹朝代更迭、帝陵多被掘毁之惨状，为了隐藏葬地目标，陵墓多不起坟。北朝帝王的陵墓有较大墓冢，如北魏冯太后永固陵、孝文帝长陵等。南朝诸帝偏居江南，统治者又恢复建造坟冢，但坟丘不高，多为圆丘形。唐代皇帝大多依山为陵，气势壮观；也有少数帝陵平地起冢，冢为覆斗形。北宋诸帝陵均为平地建造的覆斗形封土。元代皇帝墓葬遵循蒙古族的潜埋方式。从朱元璋孝陵始，明清两代皇帝的陵墓封土一改过去的覆斗形为圆丘形，大概是受到六朝以后南方诸帝王陵墓圆丘形封土的影响。

帝王陵墓的墓室，最早当为"亚"字形，如殷墟王陵。"亚"字形墓，墓室四面各辟一条墓道，这种墓室形制一直沿用至西汉帝陵。东汉帝陵墓室形制一改过去的"亚"字形，为坐北朝南的单墓道，墓室为几室尚不清楚。魏晋南北朝时期的帝陵地宫一般由墓室、甬道和墓道组成。这时的墓道、甬道和墓室或绘彩色壁画，或以模印画像砖砌壁。至迟不晚于唐代，帝陵墓室已由前、中、后三室组成。宋陵和西夏陵的地宫均为单室。明陵地宫形制同唐陵，墓室由前、中、后三室组成。清陵地宫只筑金券一室。

夫妻（妾）合葬的历史相当久远，它几乎与夫妻家庭形式同步出现。考古资料中，甘肃齐家文化、内蒙古朱开沟文化中均发现过夫妻同穴合葬的事例，但王陵中的国王与王后合葬的出现却姗姗来迟。殷墟王陵发掘证实，国王的陵墓集中葬于一处，国王的妻妾妃嫔并不与王陵在同一茔（音 yíng，坟地）域。大约在西周时代的一些贵族墓葬中，已出现了夫妻异穴合葬，如宝鸡茹家庄西周中期的强伯墓与其夫人邢姬墓，河南浚县辛村西周末年的卫侯墓和卫侯夫人墓。这证实了古代文献记载的自周公以来，同茔不同穴的合葬制度已出现。王公陵墓中的合葬，目前见于考古资料的比较晚，在春秋战国时代的王公陵墓中才出现了国王与王后同茔不同穴的合葬制度。如位于今河北平山县的中山国第一号墓（某国王墓）东西共有6座墓，除一座为奴婢陪葬墓之外，其余各墓的主人，或许就是王后、世妇、嫔妾等。中山国第六号墓（某国王墓）东西两侧的3座墓，也应是国王妻妾之墓。在赵国故都邯郸赵王陵中的二号陵陵台上，有两个南北并列、大小相近的封土堆；在三号陵陵园围墙之内有两个封土堆，它们可能为国王与王后的合葬墓。在春秋时代的秦公陵园中，已发现13座陵园，每座陵园由不同类型的2~8座大墓按一定布局组成。战国时代秦咸阳原上发现2座陵园，每座陵园由2座陵墓组成。位于陕西临潼的芷阳故地曾是战国时代秦国王陵区，已发现的几座陵墓均为王陵与后陵的合葬。西汉以前的帝王陵墓与其后妃陵墓的合葬往往是在同一陵园之内。西汉自文帝开始，帝陵与后妃陵各自筑有陵园，帝、后二陵园又被围在同一个大陵园之中。东汉时代，帝陵中的皇帝与皇后不仅同茔，而且同穴。夫妻同穴而葬，在西汉时代的一些墓葬中已经出现，甚至在个别诸侯王墓中也已出现。夫妻同穴合葬成为定制，始于东汉时代。这时上自皇帝、下至百姓俱遵此制。由于世家大族势力的发展，不仅夫妻同穴合葬十分普遍，甚至出现了几代同穴而葬的现象。帝后同穴合葬之制一直延续到唐代。北宋帝陵一改前制，恢复了西汉时代帝后同茔不同穴的葬制，帝、后各设一座陵园，二陵园共处同一陵区。明清帝陵改宋陵之制，恢复了帝、后同穴合葬制度。

陵园

帝王陵墓设置陵园约始于春秋时代，如陕西凤翔雍城遗址附近发现的 13 座秦公陵园，大部分属于春秋时代。这些陵园均以人工挖制的隍壕为界。战国时代的秦东陵陵园继承了这一做法。陵园筑墙垣为界可能始于战国时代，较早出现于东方诸国，如陕西咸阳的秦王陵、河北邯郸的赵王陵、河南辉县固围村的魏王陵均有版筑的陵园墙垣。秦始皇吸取关东诸国王陵陵园修筑墙垣的做法，为其寿陵修筑了墙体高大的陵园。这一制度，直至封建社会终结，历代帝王陵寝均未改变。

关于陵园的平面布局,春秋战国时代的陵园以长方形为主,也有少数陵园为方形。从西汉时期开始,陵园平面布局大多取方形,唐、宋帝陵陵园承袭了这一制度。自明孝陵开始,在坟丘外建圆形宝城,在帝陵宝城南边建长方形陵园,二者南北相连,礼制建筑等置于其中。此制为明清帝陵所沿用。

礼制建筑

古人认为人死后将进入另一世界,他们还像活着的人一样生活,供奉、祭祀活动的初衷大概由此而来。

从考古资料来看,早在夏商时代,墓地就有了祭祀性建筑,春秋战国时代,这种墓上建筑遗迹发现的更多。陕西凤翔秦公陵、河南辉县的魏王陵、河北平山的中山国王陵等,陵墓之上都发现了房屋建筑遗迹。中山国王陵中出土的铜版《兆域图》,详细绘制出了陵墓之上享堂建筑形制。

目前知道的先秦时代陵墓之上的享堂之类建筑物,平面绝大多数为方形。

自秦始皇陵开始,寝殿成为帝陵的主要祭祀性建筑,它实际上就是商周时代的享堂。秦始皇陵寝殿平面仍为方形。西汉时代帝陵寝殿建筑平面由过去的方形变为长方形。这种平面形制的变化,似与仿照皇帝生前宫室有关。寝殿既为帝陵正殿,就要仿照皇宫大朝的前殿,汉代皇宫前殿建筑平面一般为长方形。

陵墓的陵寝建筑，战国时代以前一般筑于墓上，秦东陵和秦始皇陵已将其移于墓侧，但仍在陵园之内。约从汉景帝阳陵开始，这类建筑营建于帝陵和后陵陵园之外，但仍在"大陵园"之中。东汉帝陵陵寝建筑大多位于帝陵封土东侧或南侧，帝陵陵前增加了石殿之类建筑。

魏晋南北朝时期，北方因连年战乱，为避免盗掘，帝王陵墓流行"薄葬"方式，多"不封不树"，不立寝殿，不造园邑。北魏冯太后的永固陵前建祠庙性质的永固石室，开始恢复秦汉陵寝制度，并有所发展，神道置大型石雕。南朝帝陵多有享堂，陵园有大型石柱、石兽。

唐代诸帝陵一般于陵园之内、南门之北营筑献殿，亦称"寝殿"，这是陵园中的主要礼制建筑，是用于祭祀典礼的大殿。在陵园以南西侧，即陵区西南部修筑下宫，亦称"寝宫"，"下宫"因位于山陵之下而得名。这是陵区宫人、官吏等守陵人居住的地方，也是供奉陵墓主人灵魂日常起居饮食之处。

北宋帝陵礼制建筑基本承袭唐制，其上宫即汉之寝殿、唐之献殿。宋代下宫位于帝陵西北，这是依据当时的堪舆术选定的方位。南宋帝陵礼制建筑的上宫和下宫布局一改前制，安排在同一轴线之上。

元代帝陵沿用蒙古族"潜埋"方式，陵墓附近没有礼制建筑。明代帝陵取消了唐宋帝陵的下宫建筑，扩大了祭殿（即秦汉之寝殿、唐宋之献殿或上宫）建筑，以祭殿为中心，自成一组院子，从而满足了大规模祭祀活动的要求。祭殿东西对称安排了配殿。祭殿院子北通以陵墓为中心的院子，南连设置神库、神厨和碑亭的院子。三座院子在一条南北轴线之上。

4. 人殉与陪葬

人殉约出现于原始社会末期，即母系氏族社会向父系氏族社会过渡时期或父系氏族社会产生的初期。在甘肃武威皇娘娘台和永靖秦魏家的齐家文化墓地、内蒙古伊克昭盟（即鄂尔多斯市）伊金霍洛旗纳林塔乡的朱开沟文化遗址中均有人殉情况。但这些属于妻妾殉夫的人殉早期形式。人殉作为一种历史现象是世界性的。在两河流域苏美尔早王朝和古埃及第一王朝的不少王陵中发现了人殉，或王陵附近发现了大量人殉墓。在我国，殷墟王陵中已普遍存在着人殉，其数量每座王陵少者数十人，多者逾百名。殉人生前大多为国王的亲近臣僚和侍从。周王陵殉人多见于古代文献记载。商周王陵的殉人大多置于墓室或墓道之内。春秋战国时代国君陵墓的人殉现象仍然存在，当时殉死者往往不在主人墓中，而是另筑坟墓，安置于主人陵园之内或其附近。秦始皇陵人殉数量之多堪称中国古代帝陵之冠。据《史记·秦始皇本纪》记载，秦始皇陵地宫之中活埋的建陵工匠数量惊人。秦始皇生前，后宫妃嫔为数众多，秦始皇死后，她们之中未生育者全部殉葬。秦始皇的子女被殉葬于陵区者也为数不少。

汉唐时代，帝陵人殉情况甚少。宋与明清两代人殉之风复炽，如明太祖孝陵殉葬宫妃达38人之多。

帝王陵墓之陪葬墓的出现，不晚于西周时代。历史文献记载，周文王创设了诸侯陪葬于王陵的制度。如西周王朝的开国元勋太公望虽然封于山东营丘，但死后却陪葬于陕西长安的文王陵墓附近。春秋时代，王陵的陪葬墓制度进一步发展。秦汉时代，帝陵的陪葬墓数量已十分惊人。西汉帝陵陪葬墓数量多、规模大，在帝陵陵区专辟茔地，墓上筑有高大封土，冢旁建有礼制建筑。从汉代开始，帝陵陪葬墓的分布也形成一定章程。陪葬墓的位置，似与帝陵陵园正门有关。如秦汉帝陵陵园均以东门为正门，帝陵陪葬墓多在帝陵以东。及至唐代，帝陵陵园以南门为正门，陪葬墓多在帝陵以南。帝陵陵区之中陪葬墓的这种布局是因陵区仿照京师和皇宫修筑。从西汉首都长安城及其皇宫未央宫的实际使用来看，二者均以东门为正门。唐代首都长安城则以南门为正门。皇帝举行朝仪，文武百官要于大朝正殿的正门之外左右分列。帝陵陪葬墓安排在陵园正门之外、司马道两边，颇似皇帝的朝仪场面。

一般而言，在帝陵陪葬墓中，离帝陵越近的陪葬墓，其墓主人地位越高，反之则地位越低。如汉高祖长陵的100多座陪葬墓中，以萧何、曹参地位最高，他们的墓葬也是距长陵最近的。又如唐太宗李世民昭陵的150多座陪葬墓中，从陪葬墓的分布位置来看，九嵕山上的陪葬墓离帝陵最近，墓主人为魏徵、新城公主、长乐公主、城阳公主等,都是地位最高、最显赫的臣子和公主。

能够入葬帝陵陵区的陪葬者,均属于统治集团内部的上层人物,但其政治身份不尽相同,他们有的是国家将相重臣,有的是皇亲国戚勋贵。就一个王朝而言,不同时期,帝陵陪葬者的政治身份也不一样,这从一个侧面反映了该王朝的政治历史变化。以汉唐两大王朝为例:汉高祖刘邦是西汉王朝的开国皇帝,开国元勋萧何、曹参、周勃、王陵等人均陪葬于高祖长陵。及至西汉晚期的元帝渭陵、成帝延陵、哀帝义陵的陪葬墓,墓主或为外戚,或为佞幸,也有妃嫔宫女,其中以外戚最多。李渊和李世民是唐代的开国帝王,与李世民共创社稷的国家重臣魏徵、李勣、李靖、尉迟敬德、程咬金等均陪葬于昭陵。唐中宗定陵的陪葬者已主要为皇亲,此后终唐一代,诸帝陵陪葬墓墓主多属此情况。

帝陵陪葬墓墓主政治身份的变化,反映了古代王朝的一些历史发展规律。王朝建立初期,开国元勋是统治阶级的中坚力量,因此他们死后能够陪葬于帝陵。王朝进入"守业"阶段后,开国元勋及其后代不少人成了"新主子"的打击对象。最高统治者为了巩固自己的政治地位,采取联姻的办法,使政治与血缘两条纽带系在一起,这即是西汉中期武帝茂陵陪葬者政治身份的特点。皇帝为了维护自己在皇族中的地位,在宫廷斗争中,往往依靠"国戚"(即外戚),疏远"皇亲"。因此帝陵陪葬者中"国戚"占有突出的地位。西汉晚期，外戚势力越来越大，最后发展为王莽篡权。唐代最高统治者接受西汉王朝的惨痛历史教训，极力限制外戚势力，帝陵陪葬墓中"皇亲"大大多于"国戚"。这也是汉、唐帝陵陪葬墓墓主政治身份的重要不同之处。

陪葬墓的封土形制不尽相同。保存至今的西汉帝陵陪葬墓，封土大多为"馒头"形（其中有些封土已非原貌），少数为覆斗形，极个别的为"山"字形。覆斗形封土是古代所崇尚的。"山"形封土在西汉帝陵陪葬墓中现有3座：一为长陵陪葬墓的"三联冢"，另外两座是茂陵陪葬墓中的霍去病墓和卫青墓。将封土筑成某"山"之形，有其深刻的历史原因。文献记载，霍去病的坟墓是仿照祁连山修筑的。霍去病生前在祁连山与匈奴战斗中立下赫赫战功，把其坟墓修成祁连山形状，犹如为他树了一通光照千秋的丰碑。卫青的坟墓是仿照匈奴地区名山——庐山修建的，这是对卫青在抗击匈奴侵略战争中丰功伟绩的纪念。

西汉帝陵陪葬墓中的山形坟墓，对后代曾产生重要影响。如唐太宗昭陵陪葬墓中的李靖、李勣、阿史那思摩（即李思摩）和阿史那社尔的坟墓，都筑成"山"形。

如果说墓葬封土形状往往具有某种特定的寓意，那么封土规模则反映了当时的等级制度。古代统治者对不同政治地位的人的墓葬封土规模（主要指高低）有着明确而严格的规定，违背规定要受惩处。

帝陵陪葬墓中还有"附葬"。在西汉帝陵陪葬墓中，还可以发现一排排或一组组的陪葬墓封土，其分布颇有规律，它们应属于陪葬墓的附葬。所谓附葬就是子孙从其祖父所葬。如西汉初年的周勃陪葬于高祖长陵陵区，周勃之子周亚夫死于景帝时期，作为附葬，也葬于周勃冢旁。这种附葬制度，在唐代帝陵陪葬墓中得到了进一步发展，并被明文规定下来。

约与帝王陵墓设置陪葬墓同时或稍早，帝王陵墓附近还设置了陪葬坑。远在商代，在殷墟商王陵附近就发现了不少以车马为主要内容的陪葬坑。到了春秋战国时代，王陵陪葬坑的规模越来越大，如春秋时期的齐景公墓之殉马坑，长215米，殉马600多匹。秦始皇陵陪葬坑规模之大，数量、种类之多都达到了我国古代帝王陵墓陪葬坑的顶峰，汉代继承了这一传统。以后这个制度逐渐衰落，虽然继任的帝王仍为已故帝王陪葬大量金银财宝，但一般均置于墓内，不再于墓外专辟陪葬坑埋葬。

陵前石刻

保存至今的中国古代帝陵，除地面上有高大的封土和一些陵寝建筑（明清帝陵）之外，最为引人注目的莫过于源远流长、数量众多、造型精美的陵前石刻。据古代文献记载，坟墓前列置石雕，似乎早已有之。传说尧母庆都陵和尧陵之前均置石驼，周公墓前竖立有石人，周宣王墓前列置有石鼓、石人、猊、虎、羊、马等石刻。有的文献还记载秦始皇陵前有一对石麒麟。

可惜上述记载，现均未能得到考古验证。

就目前掌握的考古资料来看，不但秦及其以前的陵墓前未发现列置石刻，西汉诸帝陵上也未发现过石刻。因此目前可以说，秦和西汉帝陵前未置石刻。但是，自西汉中期开始，在少数达官贵族的坟墓前列置了石刻，其中最有代表性的是霍去病墓前石刻、张骞墓前石刻，以及山西安邑杜村、山东邹县城东邹庄的汉墓墓前石虎、石人等。

西汉中期的霍去病、张骞坟墓之前列置石刻有着深刻的历史原因。霍去病是征战西域的著名军事家，张骞是沟通丝绸之路的著名外交活动家，他们的丰功伟绩是以西域为舞台创造出来的，西域文化对他们有着重大影响。西域地区的坟墓之前树立石刻略早于中原地区。近年在新疆的北疆草原地区的阿勒泰、富蕴、青河等地考古调查、发掘的石人石棺墓文化遗迹，坟墓之前有石人立像或立石。这类石人石棺墓的时代可上溯到秦或秦汉之际。霍去病墓和张骞墓前的石刻很可能就是受了西域石人石棺墓文化的影响。当然，与北疆草原石人石棺墓前的石刻相比，霍去病墓前石刻反映的历史内容更为广泛、深刻。从古代陵墓前石刻的题材与组合方式来看，霍去病墓前石刻，对以后我国历代陵墓石刻的影响是深远的。如霍去病墓的石虎，实际上成了魏晋时代陵墓前辟邪的前身，后者不过是虎（或狮）的变体。帝王陵墓和达官贵族墓前列置石虎沿袭的时代更长。墓前列置石马，比其他石刻持续的时间都长，扩及的范围都广。像唐太宗李世民昭陵的"六骏",与霍去病墓前的石立马寓意相近。此外,以石人、石象等饰墓,亦为后代所沿袭。

帝陵之前列置石刻,从目前材料来看不早于东汉帝陵。《水经注》记载光武帝刘秀原陵之前列置了石象、石马。魏晋时代战争频繁,帝王一改厚葬之风,地面不筑坟墓,陵前石刻也无从谈起。南北朝时期,帝王陵墓的封土渐又恢复,坟前的石刻又复出现。洛阳北魏景陵冢前的石人像和南朝不少帝陵坟前的华表、麒麟、辟邪就是这一时期帝王陵前石刻的代表。

唐代帝陵石刻群包括华表、天马、鸵鸟、石马、石人、石狮等,形成了一套完整制度,对以后历代帝陵石刻有着深远影响。宋、明、清代诸帝陵的石刻群,种类虽有增加,但以华表、石狮、石人、石马、天马(或角端、麒麟)为主要内容的石刻群,仍为沿袭历代之物。宋、明、清帝陵石刻中增加的石象,实际是对东汉帝陵置石象的一种复古做法。宋代以瑞禽、独角兽取代了唐代的鸵鸟和天马,并增加了虎、羊。明清两代帝陵石象生中增加了骆驼,但无虎、羊。这些石刻被置于帝陵之前,是有其深刻原因的。

①华表。或称石望柱,又简称表。最早是古代交通标志,多置于亭邮、桥梁、城门、宫殿之前,又可作为界标使用,但并不用于陵墓之前。战国时代燕昭王陵墓之前始立华表。东汉以前华表多为木制,东汉时代墓前华表改木为石。帝陵之前列置华表,自南朝已成定制,目前保存下来的也较多。自唐代帝陵起,终中国古代社会,除元代帝陵之外,历代帝陵均置华表。

关于华表形状，汉代画像石留下了汉代华表的形象资料。从目前保存的晋骠骑将军韩寿墓石华表来看，柱身为圆形，有凸起的垂直瓜棱纹，上下各一道绳辫纹带，柱身上部有刻文的方面，柱顶为圆雕的石兽。南朝帝陵石华表造型虽与上述华表相近，但其上的石兽、莲花纹圆盖、直刳棱纹柱身等，反映出波斯和印度文化的影响。

唐代陵墓华表造型较前代变化要大，对后代影响也较深。唐高祖李渊献陵华表，柱头有石兽，柱础面上浮雕首尾相衔的螭龙纹，这些都承继了前代南朝帝陵华表的作风。但在献陵华表上已没有刻文方面和介础。唐高宗和武则天合葬的乾陵及以下诸唐陵华表形制相近，柱头由石兽变为宝珠，柱顶台盘之上和柱身与柱座相接处各浮雕仰、覆莲一周，柱身各棱面线刻蔓草花纹。这些变化反映了佛教文化对唐陵华表的影响。

河南偃师北宋诸陵华表沿袭唐陵形制，其柱身雕刻不只有阴文线刻，也有了减地平雕。明、清帝陵华表变化略大，柱身为六棱面，浮雕云气纹，柱头为圆柱形冠，浮雕云龙纹。在明、清帝陵碑楼四角外有四个华表，其柱头有一蹲踞小石狮，柱身上部有云板，柱身浮雕龙纹，这些均与神道华表有所不同。

②石碑。最早是用木制作的引棺下枢工具，陕西凤翔秦景公陵的墓圹南北曾发现有当时挽棺所用的木柱，这是考古发现时代较早的"碑"。现存最早的墓前石碑是公元前26年的麃孝禹刻石。东汉时代墓前立碑渐为流行。东晋恭帝陵石碑是现存时代最早的帝陵石

碑。六朝石碑基本沿袭汉碑造型，由碑首、碑身、碑座组成。碑首饰交相蟠绕的双龙，碑额凿有一圆孔。碑身雕刻碑文。碑座为一巨龟，因为古人认为龟力巨大，故用为碑座。唐代立碑之风甚盛，然而唐代帝陵中只有乾陵和定陵立碑。乾陵立二碑，分列神道两侧，左为无字碑，右为述圣记碑。定陵只有一通无字碑。北宋帝陵未见立碑者。明代十三陵于神道正中、石刻群最南面筑一碑亭，亭中立一巨大石碑，明仁宗撰碑文。十三座帝陵之前又立无字碑一通。清代帝陵每陵置两通石碑，亦置神道正中，石碑在石象生南或北，无统一规定。

③石狮。作为陵墓石刻始于东汉、魏晋南北朝时期，陵墓石象生中石狮很常见。帝陵置石狮以北魏静陵最早。南朝人臣墓置石狮。唐初李虎、李昺被追封为帝，其陵墓均置石狮。自乾陵始，以后诸唐陵陵园四门外各置石狮一对。唐代以后，历代帝陵均以石狮为门兽。狮子产于非洲和西亚，东汉时狮子作为贡品运到中国，当地人们视狮子为神兽。埃及的狮子在神话里还用作圣地的守卫，举世闻名的斯芬克司狮身人面像就是吉萨大金字塔的守卫和太阳神的化身；在西亚的赫梯首都哈杜沙什城门两旁雕刻有风格古朴的狮子像。还有十分重要的一点，那就是狮子几乎与佛教同时传入中国。狮子在佛教中被神化，人们赋予狮子神和佛的外衣。唐代以前帝陵之上多置天禄、辟邪，石狮彻底取代天禄、辟邪在帝陵石刻中的地位，是从唐高宗和武则天的乾陵开始，并为以后历代帝陵石刻

所沿袭。这大概应归于佛教文化在中国的进一步传播，之所以由乾陵开其端，是因为唐高宗和武则天是虔诚的佛教信徒。

④石虎。陵墓置石虎最早见于西汉霍去病墓和张骞墓。唐太宗昭陵以前，帝陵石刻中置石虎而不置石狮者，以西魏文帝陵最早。魏晋南北朝陵墓前的天禄、辟邪就是以虎为模特、经夸大加工而成，或兼以虎、狮特征而制作的神化动物。传说虎为"百兽之长"，能够吞食鬼魅，为了死者的安全，古人有以虎镇墓的习惯。帝陵用石虎为门兽，以唐高祖献陵的石虎最晚，此后北宋帝陵也有列置石虎的，但已不作为门兽。

⑤天马（翼马）。仅见于唐陵石刻。天马头有角，两胁有翼。古代文献关于天马的记载由来已久，汉代已把西域、中亚地区的良马称为天马。汉晋以来天马多被看做祥瑞的化身。唐陵置天马，以此嘉瑞表示明君盛世。天马造型变化较明显，早期以乾陵天马为代表，两胁翼纹较繁复，腹下四腿内中空；中期以唐玄宗泰陵天马为代表，两胁翼纹为三长翅翎，腿下四腿内为实体，表面雕饰云气纹；晚期的神道左右排列天马追求对称，如唐德宗崇陵天马的鬃毛左披右剪。晚期唐陵神道两边天马马尾左列垂尾、右列缚尾。

⑥麒麟。作为帝陵石刻较早出现，六朝帝陵石刻中均有麒麟，唐陵之中唯有唐睿宗桥陵以麒麟替代了天马。北宋和明清帝陵石刻普遍使用麒麟。麒麟是一种神化动物，它具备鹿的身躯，马的四足，牛的尾巴，头长一角，两胁有翼。麒麟属于"仁兽"。

⑦天禄、辟邪。传说中的两种神兽。西汉时，二神兽以虎为模特雕刻而成，东汉以后，它们兼具虎、狮二者特点。天禄、辟邪均两胁有翼，二者所不同者在于其头顶，天禄单角，辟邪双角。南朝帝陵石刻置麒麟和天禄。辟邪作为石刻置于南朝王侯墓前。

帝陵石刻中的天马、麒麟和天禄均属于祥瑞之兽，陵前置放上述石刻是为给帝王歌功颂德。

⑧石象。最早见于西汉霍去病墓前的石刻之中。据文献记载，东汉光武帝原陵之前已经把石象列置于陵前。北宋及以后历代帝陵石刻中大多包括石象。象是吉祥与和平的象征，相传又有驱逐鬼怪的本领。石象列置于帝陵神道，大概也是出于上述两方面的原因。

⑨犀牛。以犀牛为石象生仅见于唐高祖献陵。古人视犀牛为神异动物。周秦以来，我国境内的犀牛越来越少，邻近地区和国家常把这种被中国帝王视为嘉瑞的动物，作为重要贡品献到中国。汉唐时代，西域、南亚和东南亚地区的国家献犀牛于中国的记载屡见于史书。历代统治者对犀牛十分重视，如商周时代制成铜犀牛作为重器；秦国李冰在四川都江堰雕刻了5个巨大的石犀牛，用以镇压水妖为患；西汉薄太后陵区之中以生犀殉葬；汉长安城附近的皇家公园——上林苑中把犀牛作为神兽饲养；唐太宗把外国使者进贡的犀牛献于皇室太庙。

⑩鸵鸟。地质时代自上新世初期至更新世晚期，鸵鸟在我国北方分布很广，几乎遍布秦岭以北的黄土分布地区。随着地理环境的变化，鸵鸟在我国消失了。

在中亚、西亚和非洲地区,鸵鸟仍然生息繁衍,因为它的强大生命力,疾走如飞的本领,当地人民将其视为珍禽。汉唐时代,域外使者常把鸵鸟作为礼品献给朝廷,时人称鸵鸟为"大鸟"。皇帝对这种贡献活动十分重视,有的甚至专门命文人为之谱曲歌之。墓前置石鸵鸟,东汉时已有。唐高宗曾把吐火罗贡献的鸵鸟作为珍禽和贵重纪念物献于其父皇唐太宗昭陵,而武则天把鸵鸟作为"圣君世"、"祥瑞出"的珍异,因此雕刻石鸵鸟置于乾陵就是不难理解的事情了。乾陵及以后诸唐陵神道石刻中均置鸵鸟,北宋帝陵则以鸾鸟代替鸵鸟。明、清两代帝陵石刻中既无鸵鸟,又无鸾鸟。

天马、犀牛、鸵鸟等石刻也反映了古代中外的友好交往,表明了圣君的"怀远之德"。

⑪石马。古人视马为"甲兵之本,国之大用"。远在商周时代,就以真车马为死者随葬,后来又以车马俑代之。秦始皇陵的兵马俑坑和咸阳杨家湾汉墓的兵马俑,其数量、规模令人叹为观止!西汉霍去病墓前的立马、卧马和跃马是目前所知陵墓前最早的石马。东汉时,随着陵墓置石刻之风的流行,墓前置石马者也多起来了。帝陵置石马,有可能始于东汉光武帝原陵。魏晋南北朝以来,无论帝陵或人臣墓,一般未见置石马者。唐代帝陵除唐高祖献陵外,均置石马,其中"昭陵六骏"为旌表战功,其他唐陵所置石马,则象征朝廷仪仗队伍中的仗马,仗马旁边的石人应为控马官。唐陵神道设置仗马之制,为宋、明、清诸帝陵所沿袭,但历代帝陵石刻中的仗马数量、马饰和控马

官有所不同。

⑫石羊。古人认为羊代表吉祥和长寿,羊又能驱盗镇邪。墓前置石羊,自东汉至明清历代相沿,十分普遍,但作为帝陵石象生,仅见于北宋帝陵。

⑬骆驼。西汉昭帝平陵陪葬坑考古发现以骆驼随葬,此后在魏晋墓中出土随葬陶骆驼,唐墓之中的三彩骆驼造型逼真、色彩鲜艳。骆驼是丝绸之路中外友好交往的象征。骆驼作为帝陵石象生存在于明、清帝陵神道石刻中。

⑭石人。我们一般将古人对其死后的安排,看作其生前活动的缩影。远在商周时代的墓葬中就有人殉,也有用玉、石、陶、铜等制作的人俑随葬。人殉制度一直延续到明清时代。墓内殉人或随葬人俑的身份有墓主人的亲信臣妾,也有仪卫扈从等。陵墓前列置石人,应该是前述墓内殉人或随葬人俑的墓外地上新形式。

中古以来,石人作为石象生列置帝陵之前,应是象征仪卫。陵墓前的石人与陵墓内属于帝王仪卫扈从身份的殉人或随葬人俑有着相近的关系。

从目前较为可靠的资料来看,墓前置石人不会早于汉代。帝陵之前列置石人以北魏孝宣帝景陵和西魏文帝永陵的石人最早,二陵之前的石人均手持兵器。帝陵前列置石人成为定制,当始于唐高宗和武则天乾陵。唐代以后,北宋、明、清诸帝陵亦置文、武石人,惟其数量少于唐陵。

⑮蕃像。过去认为陵墓列置石刻蕃像始于唐代,

在唐陵中又仅见于昭陵和乾陵。就目前所知，我国古代陵墓石刻中列置蕃像者最早应为西汉霍去病墓的"马踏匈奴"和"野人"石刻，前者身份为战败者，后者身份还待研究。霍去病墓石刻中的蕃像渊源于新疆北疆草原一带的石人石棺墓文化。在这类墓前列置有石人或立石表示战场的俘虏，用来装饰坟墓，让其服侍死者。霍去病的蕃像石刻，其意义与此相近。

由西汉中期至唐初，历经700多年，就目前所知，其间陵墓石刻中置蕃像者甚少。由唐太宗昭陵开始，帝陵置蕃像已较普遍。这种葬仪一方面是传统形式的发展，另一方面又是中外文化交流进一步扩大、深入的反映。

见于文献记载的唐陵蕃像，只有昭陵的14尊蕃像和乾陵的64尊"王宾像"。关于上述蕃像的身份有着不同说法，我们认为其身份不能简单划一，他们之中有被征服者、归化者，也有友好国家、地区的使者。近年来，其他五六个唐陵也发现了一些石刻蕃像。唐代，中国与西域交往频繁，新疆石人石棺墓文化始于秦汉，延续千余年。如果说唐太宗昭陵蕃像包含有"为先君所擒伏者"，那么这与石人石棺墓文化中的石人表示战俘应属同样意义的葬仪。唐陵蕃像石刻可能受波斯葬仪的影响。需要指出的是，唐代统治者又赋予它新的含意，即蕃像不只是被擒伏者，更重要的还是归化者和受宠者，后者有更积极的政治意义，促进了中外友好关系的发展，同时也巩固和加强了多民族的统一国家。北宋帝陵石刻中虽仍有蕃像，但均属侍卫之类,其身份与唐陵石刻蕃像寓意已不相同。

  陵墓石刻的分布位置,历代陵墓不尽相同。西汉霍去病墓石刻既在墓南有"马踏匈奴"等石刻,又在墓上分布有其他石刻。东汉墓的石刻分布,有在墓北者,也有在墓东者或墓南者。六朝陵墓的石刻分布位置也不统一。唐陵石刻分布一般为:陵园四门各置石狮1对(献陵为石虎),北门外置仗马3对,石刻主要分布在南门外神道东西侧。北宋和明、清帝陵基本沿袭了唐陵石刻分布位置,但陵园北门外均不再列置仗马。对陵墓石刻分布位置的调查与研究,不仅可以了解陵墓的方向,还为研究都城布局提供了间接资料,因为帝陵往往以皇帝的都城为模式修筑而成。

二 传说时代的帝王陵墓

关于我国古代国家出现的时间，学术界意见还不完全一致，但夏代已有国家似成定论。有的学者认为，在此之前，我们的祖先们已迈入文明门槛，作为其代表人物的是《史记》开篇提到的"五帝"，即黄帝、颛顼、帝喾、唐尧、虞舜，他们应先后为当时的部落领袖。经过长期的征战，黄帝打败了炎帝和蚩尤，成为中原大地上远古时代的第一位部落联盟领袖，被公认为中华始祖。根据《史记》记载，黄帝姓公孙，名轩辕，国号有熊。他曾发明文字、音律、舟车、天文、医药、养蚕等。相传黄帝死后葬于桥山。桥山在今陕西省黄陵县城西北1公里处。现在有据可查，最早祭祀桥山黄帝陵的是汉武帝，以后历代相沿，均在桥山祭祀黄帝陵。

黄帝陵坐落于桥山山顶之上，坐北面南，海拔977.8米，陵高3.6米，周长48米，占地面积200平方米。现黄帝陵墓之前有一明朝嘉靖年间所立的石碑，碑文为唐锜书"桥山龙驭"。碑前置一祭亭，亭内立一碑，碑上由近代大学者郭沫若手书"黄帝陵"。陵墓周围墙垣形成陵园，周长103米，占地面积9.7亩，陵园内古柏参天。陵墓东南侧有棂星门。黄帝陵冢南30米处有一土台，高13.3米，底周长120米，俗称"汉武仙台"，也就是历史文献记载的"祈仙台"。据《史记·封禅书》记载：汉武帝率大军北征朔方，在返回首都长安时，路经桥山黄帝陵，派人修建了祈祷成仙升天的"祈仙台"。桥山东南麓有黄帝庙，相传始筑于汉代，宋太祖开宝五年（972年）由桥山西麓移置于此，以后历代均有重修。现存建筑为明清两代所建，庙内保存有正殿、碑廊、诚心亭等。黄帝庙建筑群周围筑有院墙，庙院为长方形，长139.8米，宽83.3米。庙院中轴线上由南向北依次为山门、过亭、碑亭和正殿等建筑，东西两侧对称布置有廊庑。山门面阔5间，单檐歇山顶，正中高悬"轩辕庙"匾额。过亭3间，其中保存了明清时代所立的历代帝王祭祀黄帝陵石碑70多通。正殿为黄帝陵庙的主体建筑，面阔7间，进深五间。单檐歇山顶，周置回廊，前设月台。殿堂正中悬挂"人文初祖"匾额，庙堂之内供奉有"轩辕黄帝之位"的牌位和巨大的黄帝石雕像。

黄帝陵区所在的桥山，占地面积8500亩，山上古柏成林，蔚为壮观，现有古柏约81600株。其中驰名中外的"黄帝手植柏"，树高19米、径11米，其树龄约5000多岁，被称为"世界柏树之父"。还有一棵被称为"将军柏"或"挂甲柏"的古柏，相传是汉武帝率军出征朔方归途祭祀黄帝陵时挂过铠甲的柏树。

国家对黄帝陵的保护工作十分重视，黄帝陵被国务院公布为第一批全国重点文物保护单位,人民政府多次拨款整修陵区环境,使黄帝陵显得更加雄伟庄严。

颛顼是黄帝的二儿子昌意之子,母亲名昌普。他继承其祖父黄帝的事业,以河南濮阳一带为中心,统治着全国。

帝喾是黄帝的长子玄嚣之孙、蟜极之子。颛顼去世后,帝喾继承其叔父的统治,将国家治理得很好。

相传颛顼、帝喾叔侄二人去世后,葬于今河南省内黄县。内黄县境内的"二帝冢"被认为是他们的陵墓。

帝喾死后,其子挚继位统治。挚在位9年,政绩不佳,诸侯又拥立帝喾的另一个儿子放勋执政,放勋即尧。尧姓陶唐氏,所以又称唐尧。尧母名庆都。尧治国有方,所谓"富而不骄,贵而不舒",使天下太平,国民富足。尧去世后,"百姓悲哀,如丧父母"。关于尧的陵墓,历史记载有多处,一般认为尧陵在今山西省临汾市郭村。此地现有一座古冢,陵区附近有苍翠的松柏,巍峨的庙宇,10余通古代碑石记述了尧的功绩和自唐代以来,历代祭祀、拜谒修筑尧陵的历史。

尧在位98年,因年事已高,生前便将帝位交给贤德而有才能的舜。舜号有虞氏,又名虞舜。舜出身寒门,家境清贫,孝敬长辈。舜治国理政有方,深得百姓拥护。据司马迁《史记》记载,舜在巡狩中死于南方苍梧山。苍梧山又名九嶷山,在今湖南省宁远县南,相传舜的陵墓就在九嶷山上。九嶷山上现有明清两代祭祀舜陵修建的庙宇,以及与舜陵有关的宋代以来的碑石铭刻。

禹因治水有功,被舜选为继任人,禹又称大禹、夏禹等。禹陵相传在今浙江省绍兴市会稽山。陵的右侧为禹庙,主要建筑有午门、祭厅和正殿。殿堂雄伟,高 24 米,重檐歇山顶、建筑在多级高台之上,气势极为壮观。

三　商代王陵

商代（公元前 17 世纪~前 11 世纪）分前后期，前期为公元前 17 世纪到公元前 13 世纪，约当商汤建国到盘庚迁殷以前。后期为公元前 13 世纪到公元前 11 世纪，系指盘庚迁殷到帝辛亡国，期间共经 8 世 12 王。近年随着新的考古发现，也有学者提出，从盘庚迁殷至武丁之前可称为商代中期，或称中商，"洹北商城"即其都城。商代前期的王陵还未发现。商代后期的殷王陵已被发现和发掘。

商代后期建都于今河南省安阳市西北郊的洹河两岸，其都城的王宫、宗庙在洹水南岸的小屯村附近，王陵区位于洹水北岸的侯家庄、武官村一带。殷墟的宫殿区与王陵区南北相距约 2.5 公里。王陵区范围东西长约 450 米，南北宽约 250 米。这里已发现大墓及较大墓 13 座、祭祀坑 2500 多个，已发掘大墓 12 座、祭祀坑 1400 多个。王陵区分为东西两区。西区主要有 8 座大墓；东区以祭祀坑为主，主要分布于东区南部和北部的中段，此外大墓有 1 座、较大的墓有 4 座（见图1）。关于已发掘的殷墟王陵的墓主，杨锡璋先生研

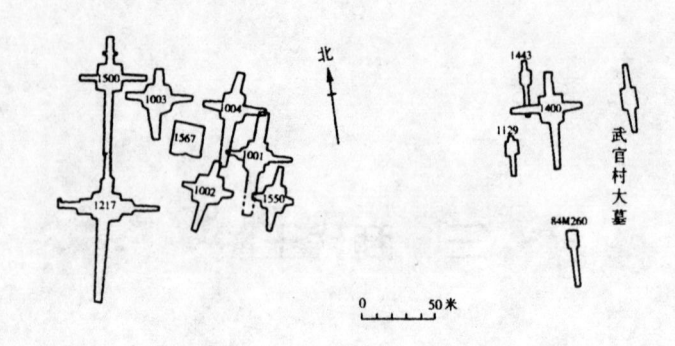

图1 侯家庄西北冈大墓分布图

究认为：7座4条墓道大墓和1座"空大墓"均为王陵。它们可能分别为：M1001为武丁墓，M1550为祖庚墓，M1400为祖甲墓，M1004为廪辛墓，M1002为康丁墓，M1500为武乙墓，M1217为文丁墓，"空大墓"M1003可能为帝辛而筑，因武王伐纣，帝辛自焚，而未埋入此墓之中。至于武官村大墓可能为祖庚之妃母己或母癸之墓，"甲"字形的84M260可能为祖甲之妃母戊之墓。

13座大墓或较大墓的地上均无封土，陵墓均为坐北朝南，墓室口大底小呈方斗型，墓平面呈"亚"字形或"中"字形与"甲"字形。墓道长短不一，短者10米，长者60余米。这些大墓、较大墓排列有序，分布密集，虽有个别陵墓墓道之间有打破关系，但墓室绝无叠压现象，这充分说明王陵区13座陵墓的位置是按照相应规划安排的。13座墓中，有"亚"字形墓8座，每座墓有4条墓道，被视为规格最高的陵墓，在以后相当长的一段时间里，帝王陵均取此形制；陵墓南北各有一条墓道的"中"字形墓3座；只有南墓道的"甲"字形墓1座。

M1001号大墓是一座重要王陵，有4条墓道，分别位于墓室东、西、南、北四面。4条墓道呈坡状，其中南墓道最长，长30.7米、宽7.8米，为王陵主墓道；西墓道最短，长7.4米、宽3.75米。墓口平面为"亚"字形，有东西两耳室。墓室南北长18.9米、东西宽13.75米，墓深10.5米。椁室位于墓室中间，平面亦呈"亚"字形，高3米。墓室壁由木板搭成，木壁之上雕刻花纹，涂施红色，镶嵌饰物。墓室地面为柏木制成的地板。墓室底部有9个长方形奠基坑，每坑长约1.1米、深约1.2米。陵墓之中的随葬品有玉、石、骨、角、牙、蚌器，白陶器皿，黄金饰品。青铜礼器有鼎、殷、觚、爵、斝、尊、罍、盉、卣、勺、盘、盂、壶等，青铜车马器、兵器和工具是陵墓中的大宗随葬品。

殷墟王陵的突出特点是盛行人牲人殉制度。M1001号墓殉人90人，大多置于墓室之中；牲人74人，多于墓道和墓坑填土中。1001号墓墓底中央和四隅的9个奠基坑内，每坑埋一壮年男性，手执一戈，为跪屈状，其身份为墓主的武装侍从，并有一狗相伴；椁顶二层台上埋11人，其中6人有木棺，并着华丽首饰，应为墓主妃妾；5人与仪仗器物混杂埋在一起，当系负责仪仗的仆从。4条墓道共发现头颅73个，无头躯骨60具，全躯2具。这些牲人是在封墓之前，成排置于墓道内，双手反缚，面向墓室而跪，然后将其砍杀，打入墓道夯土之中；而全躯者应为墓主随从。

在M1001号墓墓室东侧，基本对称地排列37个土坑，其中有 22 个坑埋人，每坑 1~7 人不等，共埋 68 人。坑中有随葬品，有的死者头戴皮胄，手执武器，应系墓主的卫士。此外 7 个坑为马坑，当为墓主生前畋猎用马的葬坑。

武官村大墓是一座"中"字形墓，属于较大的墓。墓室为长方形竖穴，墓口长 14 米、宽 12 米，墓深 7.2 米。墓室底部有一个腰坑，内埋一人一戈，椁室四壁和底部由圆木叠铺而成，顶部覆椁盖。椁室南北长 6.3 米、东西宽 5.2 米、高 2.5 米。东、西二层台发现殉人 41 人。墓室填土中发现人头 34 个，均面向墓室中央。南、北二墓道内共有 7 个长方形坑，每坑之内埋有 4~6 匹马，有的坑内还有人与武器等。

84M260 号墓是殷墟王陵区中唯一的一座"甲"字形墓。此墓以出土重约 700 公斤的司母戊大鼎而闻名于世。墓室为一长方形竖穴坑，墓口长 9.6 米、宽 8.1 米，自墓口至底深 8.1 米。椁室长 5.4 米、宽 4.1 米、高 2 米。椁底用木板铺成，椁的四壁为圆木叠成。该墓共发现殉人、人牲计 38 个个体。

殷墟王陵区的祭祀坑主要分布在东区，排列集中而有规律。根据这些祭祀坑的坑口大小、方向、深度、埋葬内容、骨架姿势和数量及坑间距离等分成若干不同的组。每组祭祀坑有一排坑或几排坑不等，祭祀坑数量多少不一，多者数十个坑。同一组坑应属于同一祭祀活动。各排坑的排距 1.5~2 米，同一排坑的坑距 0.5 米左右。

根据祭祀坑的埋葬内容，可分为人坑、动物坑和器物坑。

人坑有长方形竖穴坑和方形坑，前者一般长2米、宽1米、深1~4米；后者边长0.6~1.5米、深0.5~3.5米。人坑中一般1~39人葬于一坑，这些人或全躯埋葬，或身首分离埋葬，其中以无头的躯体葬坑数量最多。多人全躯葬的祭祀坑中有处死后埋入的，也有活埋的，后者挣扎之状历历在目。身首分离葬的祭祀坑中，人头被砍下。有的祭祀坑或仅葬无头躯体，或3~39个人头葬于一坑。以1976年在武官村大墓附近发掘的191个祭祀坑为例，从其人骨鉴定得知，砍去头骨的躯体都是青壮年男性，年龄在15~35岁之间。祭祀坑中女性年龄在20~35岁之间，幼童年龄在6~10岁之间。同一祭祀坑的人年龄比较接近。191个祭祀坑内葬埋人数逾千，其中最多的一组坑一次用人329个；一般的一组坑一次用几十人到百余人。

动物坑中主要有象、马、犬、猪、羊、猴、鸟等动物，其中以马坑为数最多。有的动物坑中人与动物共埋一坑之中，这些人可能是为墓主人管理、饲养动物的奴隶。

器物坑中有埋青铜礼器的，也有埋铜斗、陶甑的。

上述王陵区祭祀坑中的人应属于人牲。从目前已发掘的统计资料来看，人牲坑有927个，发现牲人3455人。这些王陵区中用于祭祀的人牲有成年男人，也有妇女和儿童。前者往往被处死后埋入坑中，他们大多身首异处，或被腰斩，或被肢解；后者往往被活埋于祭祀坑中。由此可以看出，殷商王朝统治者的残酷与野蛮。

四　周代王陵

1　西周王陵

西周王朝建都丰镐，西周王陵目前尚未发现。根据历史文献记载，西周王陵埋葬于都城丰镐附近的"毕"地。关于"毕"之地望，说法有二：一说"毕"在丰镐的东南，即今西安市西南郊一带。近年考古发掘中，此地出土了不少唐代墓葬，其中出土的墓志记载其地为"毕"。另一说"毕"在渭河北岸的咸阳原上，此地中古时代始称"毕"，据传为毕公封地，其地今传有周文王陵、武王陵、成王陵、康王陵、恭王陵、太公墓等，实际这些筑有高大封土堆的陵墓并非"周陵"，它们均系秦王陵或汉代陵墓，如传周文王陵、武王陵应为秦悼武王陵，周成王陵应为孝平王皇后陵，周康王陵应为孝元王皇后陵，周恭王陵应为秦惠文王陵。

2　东周王陵

公元前770年平王东迁，建都洛阳，始为东周

（公元前770年~前256年）。东周王朝共25代国王，死后均葬于洛阳。

洛阳东周王陵分为周山、王城和金村3个陵区。

周山位于东周王城西南约5公里处，因东周王陵位于此山而得名。相传这里有周敬王、悼王、定王和灵王的陵墓。周山地区现有土冢4个，其中3个陵墓的封土底部直径51~75米，高26~34米；还有一座封土规模较大，底部直径115米，高50米。

王城陵区位居东周王城东北，今小屯村至洛阳手表厂一带。这里曾勘探出"甲"字形东周墓4座，有的墓中曾出土有"天子"文字的石圭。

金村陵区位于汉魏故城遗址北端。已发现一大墓，长19米、宽14米、深12米，墓道长60米，可能为周景王陵。汉魏故城遗址东北有周威烈王陵。金村陵区发现"甲"字形大墓18座，分两行排列。这些陵墓规模很大，如Ⅴ号墓，墓口方形，边长12.19米，墓深12米，墓道长76.2米。墓内出土有"国君"铭文的铜盘。

东周时代，王室衰微，形成了诸侯争雄称霸的政治格局，等级森严的"礼乐"制度遇到挑战，各国国君超越礼制规定，葬制上纷纷仿效天子之制。已开展考古勘探或发掘的春秋战国时代国君陵墓主要有秦、齐、燕、赵、魏等国的公陵和王陵。

3 雍城秦陵和秦东陵

秦陵包括春秋战国时代秦都雍城和咸阳附近的秦

国国君陵墓。

①雍城秦陵。秦自公元前677年~前383年建都雍城（今陕西省凤翔县），历时294年，其间有20位秦国国君均葬于今凤翔县尹家务至宝鸡市阳平的三畤原上。国君陵区与首都雍城隔雍水南北相望。陵区范围东西长7公里、南北宽3公里，占地面积约2100万平方米。陵区西、南、北边均发现有壕沟围绕，沟宽2~7米、深2~6米。陵区之内共发现13座陵园，占地2000万平方米。每座陵园又各以壕沟围绕。陵园壕沟宽3~4米、深约3米左右。陵区和陵园的壕沟总长约35公里。每座陵园方向均为坐西朝东，陵园之内以右为上。每座陵园有2~8座大墓不等，但主墓均居于"右"边的尊处。三畤原的秦陵陵区是目前考古发现的最大的一处先秦时代诸侯国的陵区。

13座陵园可分为三种类型。

第一种是由两重壕沟组成的陵园。内重壕沟环围主墓，外重壕沟既包容了主墓，也括进了附葬墓及陪葬坑。如秦公陵区的Ⅱ号陵园内壕沟平面形如南北相对的马蹄形，主墓围于其间。壕沟南北长150米、东西宽100米，沟内面积15000平方米。外壕沟平面为梯形，主墓、附葬墓和车马坑均围在其内。外壕沟东西间长度349~532米，南北间长度772~823米，其内面积351298平方米。

第二种陵园是仅由一道壕沟将主墓和附葬墓、附葬车马坑围于其间，秦公陵区Ⅰ号陵园可作为其代表。

第三种陵园是在几座各有一道壕沟的陵园之外围

以大壕沟，形成了所谓组合型陵园。

在秦公陵区的13座陵园内共发现44座大墓。它们均无封土。这些大墓的平面形状有"中"字形、"甲"字形、"凸"字形、刀把形、"月"字形和圆形6种类型。其中的"中"字形墓有18座，墓室一般为长方形，东西各开一条墓道，东墓道长而平缓，应为主墓道。在这些墓上（除第17号墓之外）均发现有当时的瓦片，在一些墓的地面还发现有柱洞、散水等，它们可能是原来墓上享堂一类建筑遗迹。这些"中"字形大墓，很可能属于秦国国君的陵墓。

从20世纪70年代中期开始，考古工作者对秦公陵区Ⅰ号陵园的主墓（秦公一号大墓）进行了历时10余年的考古发掘，这是目前已发掘的先秦墓葬中最大的一座国君陵墓。Ⅰ号陵园中有3座"中"字形大墓和1座"甲"字形附葬墓及4座附葬车马坑。陵园壕沟东西长585~825米，南北长450~517米，陵园面积34098平方米。

秦公一号大墓平面为"中"字形，坐西向东。墓室为长方形，东西长59.4米、南北宽38米、深24米。东墓道长156米，宽8.7~19.1米；西墓道长84.5米、宽6.4~14.3米。大墓全长300米，总面积5334平方米（见图2）。墓室上部与东墓道相接处，清理出一排柱洞，还发现相互衔接、叠压有序的凹字形板瓦，这些应是原来墓上"享堂"建筑的遗迹与遗物。

墓室自上而下有3层台阶，逐层收缩。台阶环绕墓壁，宽2~6米。最下一层台阶的中部置椁室，平面

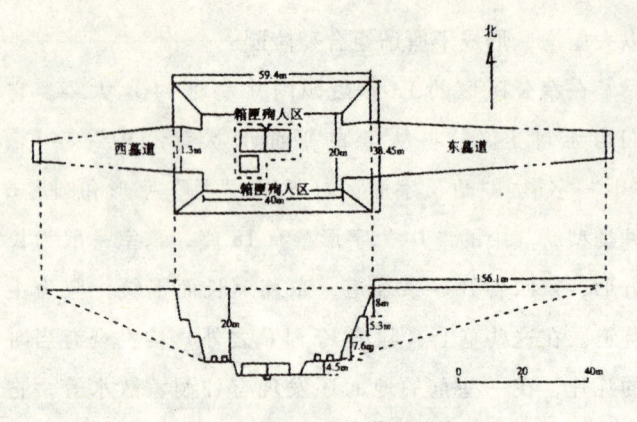

图2 秦公一号大墓平面图

为曲尺形,高4.2米。椁室由主椁室和副椁室两部分组成。主椁室居中,为国君的地宫,平面为长方形,东西长16米、南北宽8米。其中部有一堵南北向木隔墙,把主椁室分为东西两部分,即前室和后室。这是仿照国君生前的"前朝后寝"制度,前室象征国君办公、议事的宫殿,后室犹如国君饮食起居的生活住地。主椁室西南为副椁室,东西宽5米、南北长7米。这是为国君放置随葬品的地方。主椁室与副椁室之间有小门相通。

主、副椁室中各有一套柏木椁具。椁底、盖与四壁均以枋木垒砌而成,枋木截面边长21厘米。枋木首尾衔接处有榫卯结构。椁室南、北壁用柏木榫头组成长方形框式主室,这可看做是我国最早的"黄肠题凑"。

椁室周围和主、副椁之间以木炭填充,椁顶木炭厚50~80厘米。木炭之上用膏泥封闭。墓室填土经夯筑，坚硬如石。

在大墓的墓室和墓坑填土中发现牲人和殉人186个。其中20具人骨架均发现于墓室填土中，或为填土后再挖坑埋人的，每坑1人，当为修筑陵墓过程中的祭奠牺牲品；166人在椁室上部四周宽阔的台阶上。殉人棺椁具备，椁木为枋木，制成木箱之形，称为"箱殉"，共有72座；还有94座用薄木板制作的木匣盛敛的殉人，称"匣殉"。每个箱或匣中放一殉人。箱、匣之盖上用醒目的朱砂写有文字、编号。当时入葬时应该是按照严格的等级要求，有着一定的排列秩序，殉葬于国君的陵墓。

秦公一号大墓虽经历代盗掘，发现盗洞200余个，但墓内仍出土了金、铜、铁、玉、石、陶器和漆器等各类文物3500余件。其中的刻字石磬是最有价值的出土文物，这在以往发现的石磬中是极为少见的。石磬上的刻字为大篆，字体圆润古拙，刚柔相济，与秦《石鼓文》刻字风格相似。通过对30余件石磬和石磬残块上的180多个刻字的研究，可知秦公一号大墓应为秦景公的陵墓。秦景公陵墓的发掘，对研究先秦葬制和秦国早期历史有着重要意义。

②秦东陵。战国时代中期，秦孝公迁都咸阳，秦王室在芷阳城东建造了王室陵区。因陵区位于咸阳以东（或相对雍城先秦秦陵区以东），故名东陵，设有东陵侯。史书上记载有个名叫召平的东陵侯，秦朝灭亡后，他成了布衣百姓，在长安城东种瓜谋生，因其瓜甜味美而得名"东陵瓜"。今秦东陵附近仍有村名"邵

平店",大概是因汉初召平在此种瓜而得名。东陵区位于今陕西省西安市临潼区斜口乡东南,灞水从其左流过。陵区背山面水,西邻芷阳城,与都城咸阳隔渭水相望。经考古勘察,这里已发现4座秦王陵园。4座陵园的平面均为长方形,陵园周置壕沟,一为防护陵园,二为防洪排水。壕沟多采用天然壕沟与人工开凿相结合的方法。陵园均为坐西朝东,陵墓之上有夯筑封土,封土之上没有建筑。陵寝建筑置于陵墓之旁、陵园之内,陪葬坑、陪葬墓在陵园之中。

第一号陵园依山坡而建,东至范家庄的人工壕沟,西到洞北村的小峪河,南有小峪沟,北至武家村的无名沟。陵园平面东西长4公里、南北宽1.8公里,占地面积7.2平方公里。继承凤翔秦公陵园的做法,秦东陵陵园仍以壕沟为界。一号陵园的壕沟是由东边的人工壕沟和西、南、北边的自然壕沟组成。

陵园内有南北排列的2座"亚"字形大墓、2座陪葬坑、2处陪葬墓区和4处陵寝建筑台基。陵园主墓是2座并列的"亚"字形大墓,二者南北相距40米,陵墓封土东西长250米、南北宽150米,高2~4米。二墓形制、大小基本相同,封土之上没有建筑遗迹和遗物。墓室近方形,边长57~58米,面积3286平方米,墓深约26米。4条墓道均为斜坡状,前窄后宽,宽12~34米。东墓道最大,应为主墓道,长120米,其余3条墓道长28~43米不等。在主墓的南北各有一处建筑遗址,它们可能与王陵的陵寝建筑有关。

秦东陵陵区可能安置着昭襄王与唐太后、孝文王与华阳太后、庄襄王与帝太后的合葬陵墓，以及悼太子、宣太后的陵墓。

4 齐公陵和齐王陵

商周之际，周武王推翻了商王朝统治，姜太公吕尚被封于山东临淄，称为"齐国"。至齐康公十九年（公元前386年），历时600多年，有30位国君。除姜太公埋葬于陕西长安丰镐附近外，其他齐国国君大多葬于都城临淄附近。当地流行着"黄河边上看岭子，淄河两岸看冢子"的谚语，至今这里地面保存的古冢数以百计。近年来，考古工作者在临淄齐国故城遗址东北勘探出一片春秋时代齐国公侯墓地，已探出大、中型墓20余座。齐景公陵是经过考古发掘的齐国国君陵墓，位于河涯头村西。齐景公陵为"甲"字形石椁大墓，坐北朝南，墓室南北长26米，东西宽23米；南墓道长18米，宽约12米；陵墓南北通长44米。椁室在墓室中部偏南，器物坑在椁室北部。齐景公陵墓东、西、北三面殉马坑的考古发现，曾轰动世人。殉马坑东、西面各长70米，北面长75米，全部殉马在600匹以上。史载齐景公是姜齐第25代国君，公元前547年执政，在位58年。他"好治宫室，聚狗马，奢侈，厚赋重刑"，号称"有马千驷"。齐景公墓殉马坑中的马匹大概就是他生前的"千驷"马之一部分了。

公元前386年，田氏代替姜氏，成为齐国最高统治者，至公元前221年秦始皇灭齐，共历8位国王。战国时代的田齐王陵位于临淄齐故城东南8公里处的临淄齐陵镇和青州东高镇、普通镇一带，地处泰沂山脉东北麓。陵区之内的齐王陵中以"四王冢"和"二王冢"最著名，此外还有"田和冢"、"点将台"与南辛庄古冢。上述5处古陵墓可能分别属于战国时代的5位齐国国君陵墓。这些王陵南依山岭，北临淄水，地势形胜。5处齐王陵均属凿山为墓，方基圆坟。方基一般上下为三层，由下向上逐层收缩，气势壮观。

"四王冢"四冢相连，东西一字排开，全长约700米，南北宽245米。四冢大小略异，台基边长138～155米，除第三冢台高3.4米外，余皆高7.1～10.3米；坟径44～53米，高12.8～16米。

"二王冢"在"四王冢"东北，位于鼎足山上，二冢东西并列，台基相连，东西长320米，南北宽190米。二冢中西冢略大，台基边长190米，坟高12米。

"田和冢"位于青州普通镇沈家营子村的尧山之上。台基边长200米，高16米；坟丘平面为椭圆形，长径74米，坟高10米。

被称为"点将台"的齐王陵，距"四王冢"东南1900米，位于青州东高镇南辛庄西南。台基边长约180米，台基四层，高12米。台面之上的封土已无，经勘探发现台上有东西并列大小二墓，大者墓室边长40米。有的学者认为这是齐桓公的陵墓。

在"二王冢"东南1600米处，即南辛庄南，有东西并列二墓，二者间距70米。东墓台基边长110米、高12.8米；坟径22米、高9米。西墓台基边长110米，台基2层，高7.8米；坟径27米，高8.7米。有的学者认为这是齐襄王与其王后的陵墓。

关于"四王冢"和"二王冢"的墓主人，长期以来一般认为"四王冢"即田齐威王、宣王、湣王和襄王4位国王的陵墓，但近来有学者指出"四王冢"实际上是齐威王的陵墓。

"二王冢"的墓主历来说法较多，考古工作者根据考古资料判定其为齐宣王陵墓。

在齐王陵的附近曾发现大量陪葬墓，计有带封土的大墓24座，已无封土的大墓74座。这些大墓的面积一般约400平方米，大者2000平方米。墓的平面有"中"字形、"甲"字形和曲尺形的，以"甲"字形居多。都有斜坡墓道，墓道大多向南。这些墓均应为达官显贵的墓葬。陪葬墓的分布有规律，以"四王冢"为例，在四王冢北600米见方的范围内有陪葬墓25座，东西向排列，分为南北4排。

5 燕王陵

公元前11世纪，西周王室分封诸侯，召公奭被周武王封为燕国国王，其都城故址在今北京市西南的房山区琉璃河镇董家林村。战国时代中期，燕昭王在今河北省易县营建都城，并迁都于此，史称燕下都。自迁都至秦灭燕，共历5位国王，其中有4位葬于下都。经考古勘探了解，燕王陵位于燕下都东城的西北隅。

王陵分为两区，即北部的虚粮冢墓区和南部的九女台墓区，二墓区中间以墙和古河道分隔。燕王陵均有高大封土。每个墓区的陵墓分布有序，东西成行，南北成排，每排陵墓应为一代燕王（国君）及其王后与夫人的陵墓。根据对这些陵墓的钻探资料，墓室之内或积炭、或积蚌。

虚粮冢墓区即古代文献所称的"柏冢"，13座陵墓由北向南分成4排。其中8号墓已经考古发掘，从出土文物来看，该墓区应系战国晚期燕国的王陵区。

九女台墓区有10座陵墓，由北向南分成3排。该墓区的第16号墓已经考古发掘。墓室长10.4米、宽7.7米、深7.6米。墓室四壁夯筑并经火烧加固。此墓出土了仿铜的陶镬鼎2件、大牢九鼎1套、大牢七鼎2套、羞鼎4件；陶簋2套。鼎、簋之数合乎王制，此墓应为王陵。九女台墓区时代早于虚粮冢墓区，这些陵墓大多应属于战国晚期以前的王陵。

燕国王陵陵区置于都城之内，这应是一种古老的传统。战国时代，除东周君、西周君和燕国国王仍把王陵设在城内，其他列国的王陵大都移于城外。

6 赵王陵

赵藉（赵烈侯）、韩虔（韩景侯）和魏斯（魏文侯）瓜分晋国，各自建立了国家——赵国、韩国和魏国，分别成为战国七雄之一。公元前386年赵敬侯自晋阳（今山西省太原市）迁都邯郸（今河北省邯郸市），至公元前228年被秦国灭亡，其间历8位国王，其陵墓主要应分布在赵国首都邯郸城西北部，即今邯郸市西北的丘陵地带，现在分别隶属于邯郸县三陵乡、工程乡和永年县两岗乡。

赵王陵陵区现有5组王陵，分布在5座山上。每组王陵有一个陵台，筑于山头之上，台面平坦，台的四周边缘夯筑加固。陵台周边为斜坡，有的坡面之上还铺砌了护坡石。陵台平面为长方形，南北长、东西窄。封土筑于陵台之上。陵台东边筑有东西向斜坡大路。

一号陵在陈三陵村东北，陵台南北长288米、东西宽194米。封土在陵台中部略偏南，底径47~57米，高约15米。陵台东边古路与封土基本东西对直，路宽61米，现存长246米。

二号陵在陈三陵村西北，陵台南北长242米，东西宽182米。陵台之上有南北并列二封土，南者直径42~50米，北者直径43~47米，高均为12米。陵台以北的台下有一封土，应为王陵陪葬墓。陵台东边的古路宽63米，现存长85米。

三号陵在邯郸县工程乡周窑村东，陵台南北长181米、东西宽85米。封土位于陵台中央，为长方形，南北长66米、东西宽37米、高5.5米。陵台之下，陵台西南和西北各有一座大墓，前者封土长74米、宽66米、高11米；后者封土长31米、宽29米、高3.3米。三号陵有陵园，围墙夯筑，墙基宽7~11米，东西长464~489米，南北长496~498米。通往陵园的大路在陵园东边。

在温窑村北和村西也各有一座王陵。

温窑村北的王陵是邯郸西北5座赵王陵中最大的一座,其陵台南北长340米、东西宽216米。封土在陵台中部,底部平面近方形,边长47~49米,现存高3米。陵台东部辟路,路宽61米,残长138米。

温窑村西的王陵陵台东西长201米,南北残长172米,中部南北并列有两座封土,南封土底部近方形,边长约37~39米;北封土底部长43米,宽30米;现存高均为6米。陵台东部辟路,路宽78米,现存长286米,这是5座王陵之中最宽的一条上陵路。

5座陵台之上共有7个大封土堆。有人认为5座陵台即5位赵国国王的陵墓,一座陵台有二墓者应为国王与王后的合葬;也有人认为5座陵台之上的7个大封土堆,可能是赵国迁都邯郸后的七代国君敬侯、成侯、惠文王、孝成王、悼襄王、赵肃侯、武灵王的陵墓。

7 魏王陵

公元前362年,魏惠王迁都大梁(今河南省开封市),至公元前225年被秦灭亡,共历6位国王。1950~1951年,考古工作者在距河南省辉县城东3公里的固围村发掘了一处魏国王陵墓地。墓地背依山冈,坐北朝南,中部为天然岗坡整治而成的长方形平台,长150米、宽135米。平台之上并列3座大墓,中墓最大,应为王陵;两边略小,系王妃之陵。三墓之上原来均有享堂建筑,其基址范围略大于墓圹。王陵的享堂基址平面方形，边长27.5米。根据遗留的柱础推测，享堂为面阔7间、四角攒尖顶的方形瓦顶建筑；后妃陵墓之上的享堂略小，基址边长18~19米，为面阔5间、四角攒尖顶的方形瓦顶建筑。

3座大墓的墓圹及其南北两端的墓道各长150米以上，墓深15米以上。陵墓平面为"中"字形。王陵墓室是先在墓圹底部平铺8层巨石，厚1.6米，再于其上用枋木垒砌成椁室。椁室长9米、宽8.4米、高2米，椁室内放置套棺并积炭。椁室两侧和靠近墓道处以巨石筑墙，墙内填细沙，最后填土夯实。陵墓之中出土的金银车马饰，制作极为精细，为以往出土车饰中所罕见。大量铁兵器和铁工具的出土也反映了战国时代三晋地区铁器使用的广泛。

8 中山国王陵

在今河北省平山县三汲乡分布着一座古代城址——战国时期的中山国都城遗址。城址占地面积约12平方公里。中山国是由春秋战国时期生活在北方的"狄"人建立的国家。公元前388年，中山桓公在此建都，历时80余年，共历5位国王，其中3位葬在这里。中山国王陵分布在其都城内外。王陵区已发现3处，两处在西城北部。两个王陵区南北相对：一处在城西的西陵山下，有两座大墓东西并列，西边大墓为中山王䁔之陵墓，东边的陵墓主人应是其王后——哀后。中山王䁔的陵墓封土平面近方形，东西长 92 米,南北长 110 米,高 15 米。其上原来建有享堂,陵墓封土实际是享堂的基址。现存封土自上而下形成三级台阶,自下而上第一级有卵石散水,第二级有壁柱和柱础遗迹,最上面有建筑物倒塌后的瓦片等堆积。主体建筑的享堂周施回廊,属于战国时代流行的高台建筑。

中山王譽之陵设有南北墓道,墓道长 110 米,陵墓平面为"中"字形。墓室平面方形,边长 29 米。椁室建于墓室后部,四周置两层积石,木椁居中。墓室内前部及东部安排了 3 个放置铜礼器和石乐器的"器物库",墓前修筑有 3 层大平台,安排有车马坑及"器物坑" 3 个。此墓虽经盗掘,仍出土了大量珍贵文物。不少鼎、壶等铜器上刻有长篇铭文,记载了中山国乘燕王子哙禅位后引起内乱之机,举兵伐燕,取得辉煌战果的历史。铭文也从多方面反映出中山国的政治与文化。大型山字形铜器是中山国非常有特色的礼器。墓中出土的龙凤纹铜方案、错金银的动物形屏风座、铜钺和古酒等都是极为罕见的珍品。椁室内出土的"兆域图"铜版,是研究战国时代王陵布局形制的珍贵实物资料。铜版长 94 厘米、宽 48 厘米、厚约 1 厘米,用金银嵌出中山王陵园的规划图,图上详细注明陵园各个部位的尺寸。"兆域图"反映出王陵区应有三重围墙,称为"内宫垣"、"中宫垣"和"外宫垣"。内宫垣东西 325.6 米、南北 101.2 米;中宫垣东西 391.6 米、南北 168.3 米;外宫垣围在中宫垣之外。王堂居中,王后堂和哀后堂分居王堂左右,再外两侧为夫人堂。结合考古资料来看,当为王陵居中,王后、夫人墓建于王陵两侧,王族墓列置于王陵西部。王陵与王后、夫人墓均有陪葬者埋于其左、右或北侧(见图3)。

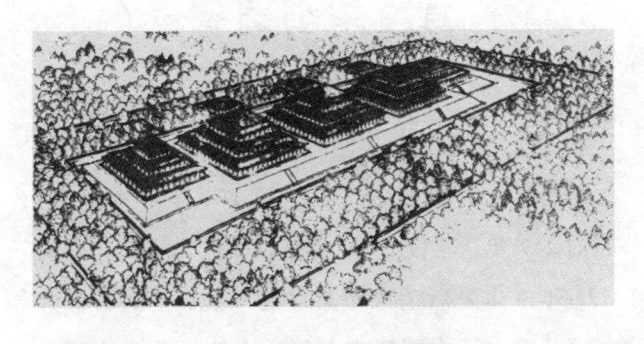

图3 中山王陵复原图

五　秦始皇陵

秦始皇（公元前259年~前201年）姓嬴名政。公元前247年，年仅13岁的嬴政被立为秦王，至公元前221年，他先后消灭了韩、赵、魏、楚、燕、齐等诸侯国，建立了中国历史上第一个统一的中央集权封建帝国——秦，秦王始称皇帝。秦始皇是中国历史上的第一位皇帝。公元前210年7月，秦始皇在河北沙丘平台去世，同年9月安葬于其陵墓。秦始皇的陵墓位于陕西省西安市临潼区晏寨乡，陵墓高大，陵区广阔，堪称中国古代帝陵之冠。

1　陵园

秦始皇陵园当时称"丽山园"。广义上讲，丽山园范围即秦始皇陵区，东西与南北纵横各约7.5公里，占地约56.25平方公里。陵区主体建筑物是丽山——秦始皇陵（见图4）。秦始皇陵封土之外围筑城垣，形成陵园。陵园分为内、外两重城垣，均为夯筑，平面为"回"字形。内外城墙宽分别为8.3米与14米，内城墙高约 10 米，顶宽 4 米；外城墙高约 17 米，顶宽 7 米。内外城墙墙头均盖瓦。

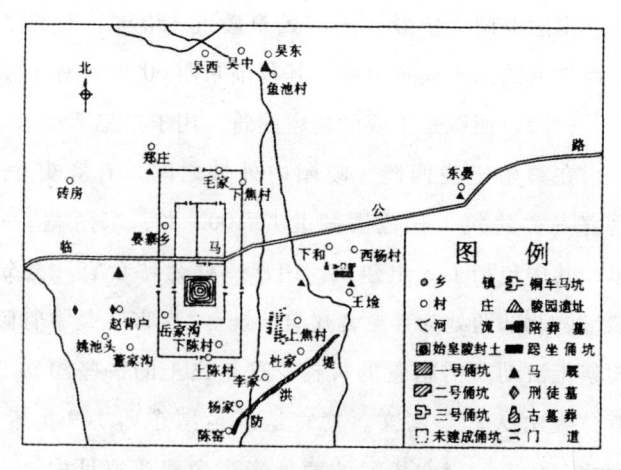

图 4　秦始皇陵园地理位置图

内城垣南北长 1355 米，东西宽 580 米，周长 3870 米，面积 78.59 万平方米。陵墓位于内城南部。内城东、西、南各设一门，三座门分别与陵墓封土的东、西、南面中部相对。北边辟二门。在内城东北部辟出一区，南北长 695 米，东西宽 330 米，形成一座小城。内城城墙内外周围筑有廊房。

外城垣南北长 2165 米，东西宽 940 米，周长 6210 米，面积 213 万平方米。四面各有一门。内外城东西门形制、大小相近，均为三门道，门址面阔 77 米、进深 23 米。内外城南门规模小于东、西门，其门址面阔 68 米、进深 15 米。陵园内城和外城四角均有用于防卫的角楼建筑。

秦始皇陵考古工作者认为，秦始皇陵的寝殿位于帝陵北侧偏西53米处，寝殿在南，便殿居北。寝殿基址南北62米，东西57米。寝殿周围有迴廊，坐北朝南，南边辟门。便殿位于秦始皇陵北150米。便殿由东西排列的四座建筑组成，其范围东西60米、南北70米。寝殿、便殿是主要的陵寝建筑，用于祭祀活动。

在秦始皇陵西侧、陵园内外城之间，有寺吏舍、食官一类建筑，其范围南北长1000米、东西宽180米，其中包括了3组建筑。南部一处为"食官"建筑遗址，北部两处为寺吏舍建筑遗址。"食官"是掌管陵园祭祀活动所需膳食的机构，这里出土的一些陶器上有"骊山飤官"陶文。食官遗址范围东西169.5米，南北200米。南北排列的两处寺吏舍建筑遗址中，已勘探的南部建筑遗址东西宽180米，南北长200米，建筑布局似为"四合院"式。寺吏舍中居住着陪陵的宫女、守陵官员与兵士及陵区的勤杂人员等。

除了陵园之内的寝、便殿等建筑之外，陵园之中还有各种各样的陪葬帝陵的马厩坑、禽兽坑、车马坑和陪葬墓等。

秦始皇陵西侧、陵园内外城之间的西门南侧有两座南北排列的马厩坑。南部马厩坑平面为曲尺形，东西长117米，南北宽8.4米，深4米，坑体面积1700平方米。坑中每3匹马置于一栏，马匹排列有序，分布密集，有数百匹之多。坑中的陶俑应属于马厩的管理者。北部为双门道马厩坑，坑体面积580平方米。南北两座马厩坑应属于"天子之厩"的象征。

在陵园内外城之间、双门道马厩坑之北，有31个禽兽坑，坑内埋葬的动物有鹿、麂、飞禽等。有的坑内还有跽坐俑，他们可能象征禽兽饲养员。

在陵园之中，环绕秦始皇陵四周，已探明23座陪葬坑，其中绝大多数为车马坑。陵西和陵北各有一处铜车马坑。已经考古发掘出土的陵西两乘铜车马，可谓国之重宝。铜车马坑长7米，宽2.3米，深7.8米，四壁用枋木叠垒，底铺木板，顶盖棚木。两乘铜车马比实际车马小一半，前后排列。前车上竖立一柄圆形盖伞，驾4马。这种车古代称"辂车"或立车。后车以板围成车厢，上置篷盖。这种车称安车或"辒辌车"。两车大小相近，但安车更为高贵。出土的铜安车通长3.17米，高1.06米，4马通高90.2～93.2厘米，跽坐御俑高51厘米。这套铜车马重1241公斤，由3462个零部件组成。其中金件737个，重3033克；银件983个，重4342克，其余均为铜件。两乘驷马铜车以白色为地，彩绘变体龙凤纹和几何纹图案。立车应为前导车，安车则为主人乘坐的车辆。因此安车与立车相比，形体较大，装饰更为华丽。

秦始皇陵两乘铜车马反映出2000多年前我国青铜冶铸和金属加工所达到的高超技术水平。铜车马所反映出的铸塑艺术水平，改写了中国美术史。秦代艺术家们所取得的这一艺术成就，与古希腊、罗马的雕塑艺术交相辉映，构成完整的灿烂夺目的古代世界艺术。

在陵园内城东北部和陵园西部内、外城之间，各有一处陪葬墓群。前者在内城东北部另辟一区，筑起西、南二墙,与原来内城东墙北段和北墙东段围成一封闭的长方形小城。小城置南、北门,分别与内城和外城相通。小城面积229350平方米,城内分布33座陪葬墓,由东到西三行排列,多为"甲"字形墓。这处陪葬墓群葬地位置重要,又多带墓道,有人推测其墓主有可能是《史记》中所记载的秦始皇后宫中没有子女的嫔妃墓。

陵园西部内外城之间、西门以北的陪葬墓,占地范围东西长710米,南北长90米,约有61座陪葬墓。墓葬平面形制有"甲"字形、长方形、刀把形和曲尺形等,其墓主身分还有待进一进研究。

此外,在秦始皇陵西墓道北侧有一座"甲"字形陪葬墓,规模较大,随葬品丰富,墓主可能为地位较高的皇室成员。

陵墓

秦始皇陵坐落于骊山北麓,左有渭水,右有绣岭。秦始皇从即位之初(公元前246年)就开始为自己修筑陵墓,历时38年。公元前238年,嬴政行加冕礼亲政后,设置陵邑——郦邑,进一步加强了其陵墓建设的管理。统一六国后,他又调集全国的人力、物力投入其陵墓(及陵区)的建设,动用劳力最多时达72万人,约占当时全国劳力的四分之一。公元前210年,秦始皇死于巡视的路上,两个月后运回京都,埋入地宫,开始复土工程。但就秦始皇陵区整体而言,直到秦始皇入葬两年后，项羽西入关中，陵区工程也未全部完成，由此可见秦始皇陵工程设计规模之浩大。秦始皇陵的现存封土基部东西345米、南北350米，高51.67米，封土顶部东西24米、南北10.4米。据勘查，秦始皇陵封土原来规模要更大，封土基部形状近方形，南北515米、东西485米。文献记载封土高50丈（约折今115米）。陵墓的地宫安排在封土之下。经探查，地宫四周置宫墙，也就是文献记载的"方城"。方城宫墙南北长460米、东西宽392米，墙高、厚各4米，墙体以土坯砌筑。宫墙四面置门，东门有5条门道，西、北、南门各有1条门道。门道为斜坡形，宽12米，用夯土填实。这种门道实际就是陵墓的墓道。每条墓道都安置了数道墓门。椁室东西160米、南北120米。墓深33.18米。在地宫中部偏西南处的椁室附近，中国科学院地球物理研究所的科学工作者利用地球化学探矿方法，探明了一处12000平方米的强汞异常区。这证实了西汉时代大史学家司马迁关于秦始皇陵之中埋藏水银以象征"百川江河大海"的记载是可靠的。为了使象征川、河、海的水银有流动感，陵墓设计者还用机械力推动水银流动。大量的汞放入陵墓之中，由于水银的挥发，汞蒸气既对墓室中的死者尸体和随葬品有防腐作用，又可防止盗墓者进入地宫。根据历史文献记载，结合已经考古发掘的秦汉时代墓葬的情况，推测秦始皇陵地宫安置棺椁的墓室顶部应为仿照"天圆"的穹窿顶，其上绘出日月星象的天文图。地宫中的椁室以巨大枋木构筑，椁的四周和上下

五　秦始皇陵

以巨大的铜材构成框架,使椁室固若金汤。按照天子规格,棺椁有数重,使用柏木制作了黄肠题凑,棺椁内外壁涂漆彩绘。棺中的秦始皇尸体有可能身着金缕玉衣,五官含珠塞玉。地宫之内堆满了"奇器珍怪",用鲵鱼(娃娃鱼)油为蜡烛,以图长久照明地宫。为了保卫地宫的安全,又设置了自动的弩矢发射装备,凡靠近地宫者将被射杀。

3 陵园之外陪葬坑

秦始皇陵区已考古发现陪葬坑181座,其中陵园之内有77座陪葬坑,陵园之外有104座陪葬坑。陵园之外陪葬坑主要有兵马俑坑、马厩坑、动物坑等。

1974年春,陕西省临潼县(今西安市临潼区)西杨村农民在打井时发现了兵马俑。有关部门闻讯,即派考古工作者赶赴现场,经过考古勘探和发掘,确认这是一处以兵马俑为内容的秦始皇陵陪葬坑,以后称之为"秦始皇陵兵马俑坑"。

兵马俑坑西距秦始皇陵园1225米,在秦始皇陵以东1695米。兵马俑坑包括四个坑,一号俑坑位于南部,二、三、四号俑坑位于北部(见图5)。

一号俑坑平面呈长方形,东西长210米,南北宽62米,总面积14260平方米。坑深4.7~6.5米。俑坑面阔9间,四周环绕回廊,东西廊各宽3.45米,南北廊各宽2米。俑坑前后端和两侧各辟5个斜坡门道,东、西端门道长15~20米,宽3.8~6.6米;南北两侧

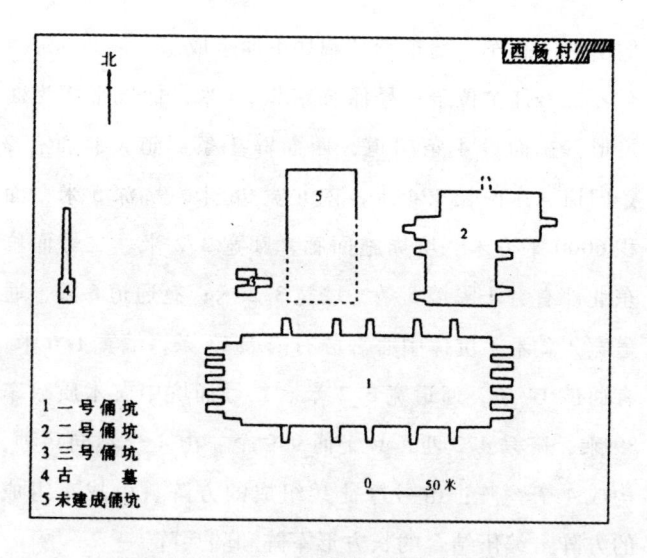

图5 一、二、三号兵马俑坑位置图

门道长12米，宽1.6~4.8米。坑内有10条东西向夯土隔墙，墙宽2米。隔墙将坑内分成东西向通道九条，通道宽3.5米，各种各样的兵马俑和木质车就安放在通道内。隔墙实际是承重墙，墙头铺置棚木，其上盖席，席上覆土，形成俑坑坑顶。俑坑内高3.2米。为了增加隔墙的承重力量，分散坑顶压力，加固隔墙，在隔墙南、北壁竖立了壁柱，壁柱间距1.1~1.5米。壁柱下以地栿支垫，上以枋木连接。通道和回廊地面铺砖。兵马俑和木车放入俑坑后，以圆木或枋木封堵，木头外面置席，席外用五花土填塞。

一号俑坑有兵士俑约6000件，木质战车约40乘。每乘车驾4匹马，计有驾车陶马160匹。俑坑前部由3列横队组成，每列68个兵士俑，204个兵士俑组成前锋军阵。前锋之后为由38路纵队组成的军阵主体，它们由木质战车、驾车陶马和兵士俑组成。

二号俑坑位于一号俑坑东北20米，俑坑平面为曲尺形，东面设4条门道，西面辟3条门道，北面有2条门道，东西长124米，南北宽98米，坑深5米，面积6000平方米。坑周施回廊，廊宽3.2米。二号俑坑东北部有夯土隔墙5条，墙宽3.2米；有通道6条，通道宽2.2米。坑体中心部分有隔墙13条，墙宽1.6米；有通道14条，通道宽3.2米。二号俑坑中有木质战车89乘，陶马472匹，兵士俑939个。由4个不同兵种，构成4个军阵：由弓弩徒兵组成的方阵、由战车组成的方阵、编伍结合的长方形军阵和骑兵阵。

如果说一、二号俑坑象征着军阵的话，那么三号俑坑就是这些"军阵"的战地司令部。

三号俑坑东距二号俑坑120米，南距一号俑坑25米，位于秦始皇陵兵马俑坑西北部。三号俑坑东西长17.6米，南北长21.4米，深约5米，面积520平方米。俑坑坐西朝东，平面呈"凹"字形。东部辟门，斜坡门道长11.2米、宽3.7米。坑体分为前厅和南、北厢。前厅为车马房，其中停放一乘华盖木车和兵士俑4个。南厢和北厢有侍卫兵士俑64个。

四号坑在二、三号俑坑之间，东西长48米、南北长96米，深约4.8米，坑面积4608平方米。四号坑的性质目前说法不一：一说是未建成的兵马俑坑；一说与一、二、三号兵马俑坑并没有必然的联系。

秦始皇陵兵马俑以其栩栩如生、神态各异、场面壮观而轰动天下，被誉为世界第八大奇迹，已被联合国列为世界文化遗产。与真人真马大小相同的兵马俑造型逼真、刻划细腻，军队的士卒和将军俑气质不同、风采各异，陶马形象准确生动。它们都是美术史上写实艺术的杰作。陵园东墙以外的上焦村一带，在东西50米、南北1900米，面积95000平方米范围之内，考古发现98座马厩坑，其中大多数坑内仅葬一匹马，少数为俑马合坑或为仅有一饲马俑之坑。这些马厩坑应象征秦都咸阳的皇家马厩。

动物坑有二：其一在秦始皇陵园之外东北900米处，为大型地下坑道式木结构陪葬坑，面积约925平方米，出土原大青铜禽及青铜鹤等重要文物。其二在秦始皇陵园之外东北750米处，为"甲"字形平面陪葬坑，面积约300平方米，坑内埋藏着鱼鳖、禽兽等动物。

陵园之外陪葬墓

秦始皇陵园之外的陪葬墓集中分布在陵园以东的上焦村一带，西距陵园350米。陪葬墓东侧为马厩坑，二者东西间距5~10米。这里共发现17座陪葬墓，墓葬南北排列，均为东西向。墓葬中"甲"字形墓有13座，其中12座坐东向西。已发掘的墓葬棺椁兼备，有金、玉、铜、陶等随葬品，但墓主均身首异处或肢体不全，他们可能是被处死后埋葬这里的。发掘者认为这些人应为秦始皇的公子和公主。秦始皇去世后，秦二世和赵高把他们作为政敌处死，为了争取社会的支持，使死者享有殊荣，又把他们的尸骨陪葬在秦始皇陵。

5 陵区的刑徒墓地

秦始皇陵墓的修建，历时38年，调动了全国数十万人。这些人可以分为四部分：第一部分为数最多，是以服徭役身份从四面八方被征调到骊山之下；第二部分是居赀者或刑徒；第三部分是官府及民营手工业作坊中的工匠；第四部分是官府奴隶。高压统治、超负荷劳动、艰苦的生活条件，使不少人在修建陵墓过程中死去，他们大多就地埋葬。考古工作者在秦始皇陵园西侧赵背户村和姚池头村均发现了大面积的修陵人的墓葬。赵背户村的墓葬排列整齐、分布密集，有的墓与墓之间仅隔20厘米。墓坑甚小，一般长1.1米，宽0.5米。死者大多为"屈肢葬"。墓中一般没有棺椁葬具，更无随葬品。有的一个墓坑埋1人，也有埋葬2人或3人者，多者埋葬11人。死者绝大多数为青壮年男子，个别的有一男一女和一名儿童同葬一墓，他们很可能是全家背井离乡服徭役死于骊山的。有的墓内还放进刻有文字的瓦片，文字内容记述了死者的籍贯和姓名。出土的18件瓦片，刻文涉及河南、河北、山东、江苏等省，这些服徭役的人多来自原关东的三晋、齐、楚等地。这些刑徒墓内的刻文瓦片，实际上是我国古代最早的"墓志"，也有人称之为"瓦志"。

姚池头村南的刑徒墓地范围现存1020平方米,与赵背户村刑徒墓相比,这里简直是个乱葬岗。死者尸骨上下叠压,横竖错乱,看不到一具完整骨架。可以想见,这些死者生前或以奴隶身份,或以罪犯之名,被官府强制押至骊山之麓修建陵墓,艰苦的生活、非人的待遇、繁重的劳作,使他们或被折磨而死,或因伤残被活埋而亡。今天,当人们凭吊秦始皇陵这一世界文化遗产时,万万不可忘掉为修建秦始皇陵而惨死的千千万万修陵者!

六　汉代帝陵

汉代是我国古代历史上非常重要的时期，它包括了西汉、东汉两个王朝，其中西汉又是我国封建社会前期的鼎盛时代。我国封建社会的中央统一帝国始于秦王朝，但是秦代仅存15年，因而封建社会各种典章制度的确立、完善和巩固，应该说是完成于西汉，东汉时得到进一步发展。

汉代皇帝陵寝反映了当时社会的最高丧葬礼仪，也可以说是汉代封建统治阶级社会活动的缩影。

西汉和东汉建都长安与洛阳，两汉的皇帝陵墓分别安置于长安与洛阳附近。

西汉帝陵

①帝陵的分布。西汉一代有11个皇帝。西汉帝陵中皇帝与皇后合葬，但他们不是埋在同一座坟墓之内，而是在同一茔地各筑一座坟墓，即历史文献记载的"同茔不穴"。此外，西汉有些皇帝还为其父母按照帝陵规格修建坟墓，或以皇帝、皇后的礼仪进行安葬，

如汉太上皇陵、薄太后南陵、钩弋夫人云陵，以及宣帝父母史皇孙和王夫人的陵墓。这些陵墓或在皇室帝陵陵区附近，或在陵区之外的京畿之地。

西汉11个皇帝的陵墓分别位于汉长安城北的咸阳原和汉长安城东南的白鹿原与杜东原。这些地方属于"风水宝地"，"地高土厚"，在当时看来是修筑帝王陵墓的好地方。

分布在渭河北岸咸阳原的9座西汉帝陵，西自兴平市南位乡，东至高陵县马家湾乡，东西一线排开，绵延百里。9座帝陵从西向东依次为武帝茂陵、昭帝平陵、成帝延陵、平帝康陵、元帝渭陵、哀帝义陵、惠帝安陵、高祖长陵和景帝阳陵。其中长陵、安陵、阳陵、茂陵和平陵附近均设置了陵邑，所以咸阳原又称"五陵原"。西汉时代五陵原人文荟萃，堪称全国最为繁华的地方。

白鹿原和杜东原分别有文帝霸陵与宣帝杜陵（见图6）。

西汉帝陵两大陵区的形成，与昭穆制度关系密切。所谓昭穆制度就是按父子辈分排列其陵墓位置。这是古代帝王陵墓分布的重要依据，远在西周时代已经存在，在古代中国历史上一直延续多年。

②帝陵封土与墓室。西汉皇帝陵墓封土一般为覆斗形。封土底部和顶部平面近方形，一般底部边长170米，顶部边长50米，高30米左右。封土全部夯筑。汉代又称帝陵封土为"方上"，"方"是因封土底部和顶部平面均为方形，"上"则相对地下的墓室而言。

六 汉代帝陵

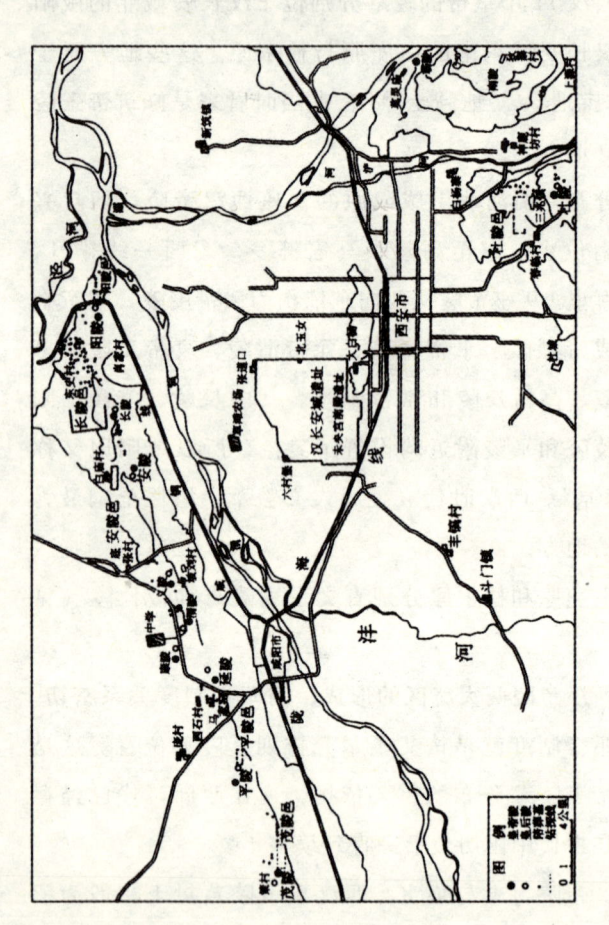

图 6 西汉帝陵分布图

汉代帝陵的墓室称"方中"，这是与"方上"相对而言的。帝陵的"方中"犹如倒置的"方上"，墓室上部比封土底部面积略小。墓室深度与封土高度基本相近。帝陵方中四面居中位置各有一条墓道，4条墓道大小、形制基本相同。

与帝陵4条墓道相连接的陵园地面上的道路叫"神道"，神道也有4条，分别与陵园4座司马门相对，因此也称"司马门道"或"司马道"。神道宽达百米，不容许任何人侵占。西汉帝陵中的4条神道，一般以东神道为主要道路。汉代帝陵方中的营筑方法是从平地向下挖好墓穴，然后在墓穴中构筑成"黄肠题凑"的墓室，其上再置木炭、砾石，然后堆沙、复土。木炭防潮，沙石防盗。有的地宫之上盖以膏泥，以与外面隔绝。由于方中规模宏大，所以用料之多相当惊人。如修建昭帝平陵时，仅方中填沙一项，就租用了3万辆牛车，从平陵附近的渭河河滩拉运沙子。

汉陵方中的中心建筑是"明中"，就是通常所说的"墓室"，也称"玄宫"。文献记载，明中高4米，其中放置皇帝的葬具，主要有"梓宫"、"便房"和"黄肠题凑"。天子的棺材称"梓宫"，系梓木制作的棺。汉代达官贵族也有以梓木为棺的，但这些只能称"梓棺"，不能叫"梓宫"。梓木产于江南，生长于深山之中，采伐和运输十分困难。一件梓木制作的棺具重达万斤，其劳民伤财的程度可想而知。皇帝的梓宫长约3米，宽和高各约0.92米。梓宫有4重，内涂朱红色漆，外表施黑漆，上面画满日月鸟兽等彩绘图案。考古工作者在北京大葆台西汉燕王墓发掘出的梓棺有5层棺木，由梓属的楸木、檫木和楠木制成。梓棺放在墓室后半部椁室正中的棺床上。梓棺内棺的内外均髹黑漆，2、3、4、5层外棺则内髹红漆、外髹黑漆。棺外有2层椁。这与文献记载的皇帝"棺椁七重"相符合。里层椁长5.75米，宽5.5米，高3米；外层椁长9米，宽7.2米，高3.3米。椁由松木制成。两层椁间距1.6米，其间放置漆器等随葬品。

"便房"仿照皇帝生前的居住和飨宴之所，位于梓宫前面。北京大葆台汉墓的便房东西长9米，南北宽7米，高4米。便房南面辟有一门，门高3米，宽3.6米。便房内放置"黄熊桅和（神）"题字和夔龙边大漆床两个，以及象牙雕刻的青龙、白虎6博棋，陶壶、魁钫等器物，天鹅、鸿雁、牛、羊、猫、鱼等动物。也有人认为，梓宫安置在"便房"之内，便房应为墓葬地下建筑的中心，是墓主人的主要"活动"区域。

天子梓宫之外的"黄肠题凑"，其实是帝王陵墓中特有的一种"椁"。北京大葆台汉燕王陵的"黄肠题凑"为长方形，南北长14.2～16米，东西宽9～10.8米，高3米。南壁开一门，门高3米，宽3.6米。"黄肠题凑"由15880根黄肠木堆叠而成。四壁30层，南、北壁每层纵铺34根与108根；东、西壁每层横铺106根。因四壁全见"木头"，所以称"题凑"。又因用的是"黄肠木"，故称为"黄肠题凑"。黄肠木均系柏木，绝大多数制作平整，表面打磨光滑，呈棕褐色，一般长90厘米，高、宽各10厘米。

③随葬品。西汉帝陵中的随葬品五花八门,数量众多,它们主要有以下五类:

第一,葬玉。又名保存玉,包括玉衣、玉塞、玉含和玉握。玉衣是用金丝缀连的几千个玉片做成的"衣服",所以又叫"金缕玉衣"。这种"衣服"很像"匣子",因而又称"玉柙",古代"柙"即"匣"字。考古工作者1968年在河北满城发掘的西汉中山靖王刘胜夫妇墓中,发现死者身穿"金缕玉衣"。他们的玉衣由头罩、上衣、裤筒、手套和鞋5部分组成。头罩由脸盖和头罩组成,脸盖上刻出眼睛、鼻、嘴的部位。上衣由前片、后片和左右袖筒组成。裤筒、手套和鞋都有左右。玉衣各部分是用细金丝编缀了许多四角有孔的玉片而成的。刘胜玉衣全长1.88米,由2498片玉片组成,所用金丝重1100克。其妻窦绾的玉衣全长1.72米,由2160片玉片组成,所用金丝重700克。皇帝和皇后的玉衣形制与刘胜夫妇墓中的玉衣大体相近,但肯定前者做工更细致、玉料更讲究、形式更繁复。

古人认为,使用形状不同的玉石填塞或遮盖人的耳、鼻、口、肛门、眼和生殖器等9窍,就能防止死者精气由体内逸出,这些玉石称为"玉塞"。

玉握是死者手中握的璜形无孔玉器。

汉代皇帝和皇后之陵墓使用葬玉是想让死者的尸体长久不腐。但是,考古发掘证明,死者尸体保存是否完好,并不在于有无玉衣、玉塞等葬玉。

第二,印玺。印玺是古代人们权力、地位和身份的象征,生前须臾不离,死后葬于身旁。曾经以皇后身份安葬的孝元傅昭仪,陵墓中就有帝太后、皇太后的印玺。帝陵之中的印玺不只一二枚,如西汉南越王墓,出土了19枚印章,有金印、包金铜印、玉印和玛瑙印等。一座王墓之中竟有如此众多印章,可以想见西汉帝陵之中随葬印玺之情况。

第三,珠玉珍宝、金钱财物。从文献记载来看,西汉帝陵中随葬的珠玉珍宝、金钱财物相当丰富。皇帝的梓宫之内,置放"珪璋诸物"。史载尹桓、解武等盗掘文帝霸陵和宣帝杜陵时,"多获珍宝"。帝陵中随葬的金钱财物,更是多得惊人。南北朝时期,地方割据政权财政困难,专门盗掘陵墓,发掘一座西汉帝陵,所得金钱财物可以维持国家和宫廷多半年的财政开支。

第四,礼器。礼器在随葬品中占的比重很大,其种类和数量与死者身份、地位密切相关。西汉帝陵中的礼器有铜器和漆器。铜器大多饰有错金银花纹。漆器价值比铜器高几倍。礼器包括容器和乐器。容器有鼎、敦(盆)、钫、壶、甑、盘、匜等;乐器有钟、镈、磬、埙、箫、笙、琴、瑟、竽、筑等。

第五,其他随葬品。西汉帝陵中的随葬品几乎包括了衣食住行各个方面,如车马、陶俑、食物、器皿、动物、竹简等等。汉陵中的车马多为明器,但其造价可能高于真车马。"车马"多置于帝陵的墓道中。大量陶俑象征皇帝、皇后生前的卫士、仆从、宫女、奴婢和仪仗队等。甲胄、刀剑、干戈、箭镞等兵器,卫护着帝、后。陵墓之中还随葬着大量食物,有麦、豆、米等粮食,还有各类酒、糖。此外,供皇帝游乐的

"鸟兽鱼鳖牛马虎豹生禽"等也是随葬品中的大宗。薄太后陵墓的陪葬坑曾出土了犀牛和大熊猫的骨骼。

西汉帝陵随葬品之多，在武帝、昭帝和宣帝三代达到高峰。汉代国家财政制度规定，皇帝要把全国贡赋收入的1/3用于帝陵建设。

④帝陵的防腐处理。我国古代特别重视死者的尸体防腐处理。西汉时尸体防腐技术已达相当高水平。西汉末年，赤眉军攻克首都长安，发掘了咸阳原上的西汉诸陵，发现皇帝和皇后的尸体"率皆如生"。公元315年，西汉薄太后陵墓被"盗发"，打开棺椁后发现已入葬470年的皇太后"面如生"，陵墓中的大量丝绸仍能继续使用。关于汉代陵墓的尸体防腐，主要是因棺内放置了具有杀菌作用的香料，加之数重棺椁，其外又放置了大量木炭、沙石和白膏泥。帝陵木炭的用量相当大。修筑昭帝平陵时，没收商人的木炭价值"数千万"，统统放入平陵。木炭可以防潮，沙石、木炭之外敷以密度极大的膏泥，使墓室与外界隔绝，造成密闭的环境，加之杀菌药物——香料的作用，细菌很难生存，可使尸体长期不腐。

⑤陵园与寝园。西汉帝陵陵园形制略有不同，西汉初年的高祖长陵与惠帝安陵，皇帝与皇后的两座陵墓在同一围墙形成的陵园之内。从汉文帝霸陵开始，皇帝和皇后的陵墓各自筑成一座陵园，二陵园毗邻，在二陵园之外又围筑一大陵园。有的帝陵大陵园之内还埋藏有其"夫人"或其他妃嫔的墓葬。在帝陵之中，一般帝陵在西、后陵在东，所以帝陵陵园称"西园"，

后陵陵园称"东园"。帝陵陵园一般边长410～430米，墙基宽8～10米；皇后陵陵园一般边长330米，个别较大者边长400米，墙基宽4米。文帝霸陵及其后西汉帝陵"大陵园"的规模大小不尽相同。

西汉帝陵是当时都城的缩影，皇帝和皇后陵园则为其宫城的象征。若把帝陵陵园比作皇宫——未央宫的话，则皇后陵陵园当比作长乐宫。西汉时期，皇帝一般比皇后去世早（汉武帝除外）。皇帝死后，其子即位，原来的皇后就成了皇太后。自惠帝开始，皇帝居未央宫，太后居长乐宫，两宫均在长安城南部，长乐宫在东，称东宫；未央宫在西，称西宫。宫城的这种布局和称谓，对皇帝和皇后陵园的相对位置与名称有直接影响。

西汉大多数帝陵陵园在陵区的西南部，未央宫在长安城西南隅。帝陵陵园和未央宫分别在陵区与都城的位置十分相似，这应是前者受后者影响所致。

把大多数西汉帝陵陵园与未央宫形制作一比较，发现前者很像后者的一个缩影。帝陵陵园平面为方形，陵墓居陵园中央，陵园四面各辟一门。未央宫平面近方形，皇宫主体建筑——前殿，在宫城中央。未央宫四面各辟一宫门。上述情况反映出，两者形制的惊人相似绝非偶然，它说明西汉帝陵陵园是仿皇宫——未央宫营建的。西汉帝陵陵园的分布位置，除了受长安城建筑形制影响之外，还沿袭了古代以西为上的礼制。东汉哲学家王充曾经说西方是"长老之地、尊者之位也。尊长在西，卑幼在东"。陵园位于陵区西部也就是这个道理。

西汉帝陵设置寝园，"寝园"之名始于西汉。寝园是以寝殿为中心，包括便殿的一组建筑群，其周围筑墙。西汉帝陵和皇后陵各自置寝园，甚至皇帝的父母、祖父母或兄弟的墓葬附近也修筑了寝园。

西汉初期，帝陵的寝殿置于帝陵陵园之内。大约从汉文帝霸陵开始，寝殿从陵园中移出，并建成寝园，一般置于帝陵陵园东南部。

寝殿是寝园中的主体建筑，也是皇帝或皇后陵墓的正殿，它的建筑平面布局结构是仿照皇宫中的大朝正殿。皇后陵与帝陵寝殿形制相似，只是规模小一些，建筑材料也比较简单。寝殿的主要功能是举行重要祭祀活动。

便殿是寝殿旁边休息闲宴的场所，主要功能是存放皇帝、皇后生前用过的衣物，以及为皇帝和皇后举行葬仪时所用的器物；进行一般祭祀活动；举行重大祭祀活动前后，供参与者"休息闲宴"。便殿是寝园中主要官员办公的地方，建筑有殿堂、办公用房、一组组小房屋组成的居室和若干独立的庭院。

西汉帝陵陵区有个突出特点就是建筑有庙，也称"陵庙"。汉代以前庙建于皇宫附近，西汉时代开始在皇帝陵旁立庙。陵庙每月举行一次重大祭祀活动，文武大臣遇有重大事情也要参谒陵庙，如公元前81年苏武从匈奴回到长安，皇帝就让他拜谒武帝陵庙。

⑥陪葬坑、陪葬墓、园邑、陵邑。西汉帝陵附近一般分布有数量不等的陪葬坑。近年来，考古工作者

在汉景帝阳陵、汉武帝茂陵、汉昭帝平陵、汉宣帝杜陵、孝文窦皇后陵和薄太后南陵等陵墓附近，发掘了一些陪葬坑。它们的布局结构不尽相同。帝陵的陪葬坑即历史文献记载中的"外藏椁"。"外藏"系相对"正藏"而言。"正藏"即皇帝陵墓的"玄宫"，"外藏"应在"玄宫"之外。作为"外藏"的陪葬坑多以枋木、圆木或木板等构筑成木室，故又称"外藏椁"。

帝陵陪葬坑中放置大量陪葬品，有金银珠宝，也有各种陶俑等。"俑坑"的内容复杂，有人俑，也有动物俑。人俑有男俑，也有女俑。人俑的身份、职务多种多样，它们有的代表皇宫中的男女侍者，有的象征为死者送葬的仪仗队或军队。动物俑有牛、羊、猪、狗、鸡等俑，它们可能是象征用于祭祀的"牲"。

汉代帝陵附近普遍地设置埋葬钱币的陪葬坑。《新唐书》记载："汉以来葬丧皆有瘗钱，后世里俗稍以纸寓钱为鬼事。"西汉时帝陵附近陪葬钱币的数量非常可观，其中主要为"五铢"钱币，也有金币——金饼。

陪葬坑葬有珍禽异兽，这些动物包括"鸟兽鱼鳖牛马虎豹生禽"，可以说天上飞的、地上跑的、水中游的，应有尽有。

陪葬坑有车马或其明器和各种各样的粮食、加工食品等。

西汉帝陵陪葬墓以汉高祖刘邦长陵的数量最多，汉武帝茂陵、汉宣帝杜陵、汉元帝渭陵的陪葬墓也比较多。这些陪葬墓属于"陪陵"性质，为皇帝所"赐葬"。汉成帝营建昌陵时，就在昌陵附近"赐丞相、御史、将军、列侯、公主、中二千石冢地"。

帝陵陪葬墓附近，有的还修筑了园邑，为皇帝所赐。置园邑的陪葬墓，多为皇亲国戚的墓葬，如汉太上皇陵陵区中薄太后之母的墓地，仿照其父灵文侯的园仪，"置园邑三百家"。陪葬于长陵的孝景王皇后之母的墓地，置园邑二百家。园邑是守墓者的住地，其作用是置民以奉墓。有的西汉帝陵陪葬墓旁，还建造了"祠堂"。祠堂由祭坛演变而来，属于墓地祭祀性礼制建筑。祠堂周围筑有垣墙，辟有门道，门外置双阙，阙前有"罘罳"。祠堂装饰得十分豪华。

西汉帝陵的一大特色是设置陵邑。西汉时期朝廷对陵邑的设置控制十分严格，一般只限于帝陵，也有未与先帝合葬的皇帝之母的陵墓，还有未以帝陵礼仪入葬帝陵陵区的皇帝父母的陵墓。前者如高祖长陵、惠帝安陵、文帝霸陵、景帝阳陵、武帝茂陵、昭帝平陵、宣帝杜陵设置了陵邑；中者如薄太后南陵、钩弋夫人云陵的陵邑；后者如汉太上皇陵的陵邑和宣帝父母的奉明园等。

陵邑一般在帝陵附近。西汉初期，陵邑大多分布在帝陵北部；西汉中期，陵邑大多分布在帝陵东部。帝陵陵邑的分布位置，受都城长安布局的影响。汉长安城内，宫殿占去了全城 2/3 的面积，主要分布在城南部和中部。达官贵族以住在宫城北部和东部为荣，帝陵的陵邑，犹如都城的贵族宅第，也置于帝陵之北或东部。

西汉帝陵陵邑的作用，一是为了供奉陵园；二是迁徙关东大族、达官巨富,削弱地方势力,加强中央统治;三是繁荣陵邑附近地区的经济和文化。由于统治阶级中大批有钱有势者迁到陵邑,改变了当地的政治、经济和文化状况。西汉诸陵邑中有以车千秋、韦贤、平当、魏相、王嘉、黄霸、王商和张汤、杜周、萧望之、冯奉世、史丹等为代表的政治家,号称"七相五公";有与皇帝朝夕相处、权倾朝廷的佞幸宠臣,如籍孺和闳孺等。文人学者也云集于陵邑,如史学家司马迁、哲学家董仲舒、文学家司马相如等便居于茂陵邑。驰名全国的富商大贾,不少也出自陵邑,长陵邑田氏、安陵邑杜氏家资巨万,杜陵邑樊嘉、茂陵邑挚纲、平陵邑如氏均为天下巨富。

西汉诸陵邑的设置突出了皇帝的权威。西汉皇帝一般预建寿陵,同时营建陵邑,朝廷的达官显贵和社会名流云集于此。

西汉诸陵邑是当时人口最稠密的地区,如长陵邑、平陵邑的人口都在5万户左右,茂陵邑多达6万户,比都城长安还要多3万多人。西汉诸陵邑的人口构成比较复杂,因而社会生活就显得别具特色。如安陵邑是京畿的艺术城,为了繁荣这里的文化艺术生活,朝廷从关东各地迁来梨园世家5000户;平陵邑是都城附近的学术中心,汉代许多著名学者、文人迁居于此;杜陵邑则是都城上层官僚的聚居地。西汉中晚期,从全国来看,政治中心在三辅;从三辅来看,政治中心在诸陵邑。陵邑中住着皇亲国戚,有的皇帝还去陵邑看望亲属;陵邑还住有不少朝廷的达官显贵,有些很有名望的大臣年事已高，辞官回到陵邑的家中后，朝廷遇到大事还要派特使到陵邑向他们征询意见，可见陵邑的政治生活与京城长安的关系之密切。

由于陵邑是全国各地官宦豪富的聚居地，所以风俗是"五方杂厝"，生活是奢侈无度，治安是混乱"难理"。为了维护统治阶级的长远利益，对陵邑采取了严格的管理措施。陵邑周围筑起高大的城垣，居民住在陵邑之中的"里"内。里设里门，门禁制度严格，进出里门都得下车接受检查，官吏也不能例外。里中的居民以家为单位，住在各自的宅中。

西汉诸陵邑属于"县"级单位，但又不同于一般的县。西汉初中期，诸陵邑直属中央的"太常"管辖。因而西汉诸陵邑的县令，其社会名望、政治地位高于一般县令。

⑦西汉11陵。西汉11陵中的高祖长陵、文帝霸陵、景帝阳陵、武帝茂陵和宣帝杜陵比较重要，有一定代表性，开展的考古工作也较多。

高祖长陵　高祖刘邦（公元前256年~前195年）系沛县（今属江苏）人。秦代末年，陈胜起义，他积极响应，揭竿而起，率兵攻克沛城，自称"沛公"。后来他的军事力量迅速壮大，与项羽领导的起义军成为反秦的两支主力。公元前206年，秦王子婴向刘邦投降，沛公西入咸阳，推翻了秦王朝。此后刘邦与项羽展开了长达5年的楚汉战争。公元前202年，刘邦打败了项羽，即帝位于汜水之阳，建立了汉王朝。尔后，迁都长安。公元前195年，刘邦病死于长乐宫，葬入长陵。汉高祖的皇后吕雉（公元前241年~前180年）系山东单县人，后迁居江苏沛县。楚汉战争中，吕雉和刘邦父亲都成了项羽的人质，至公元前203年9月，项羽归还了吕雉和太公。不久，刘邦打败项羽，即皇帝位，封吕雉为皇后，史称"吕后"。她协助刘邦统一了天下，与萧何密谋，在长乐宫杀了韩信，在洛阳诛彭越，夷其三族。刘邦死后，惠帝即位，尊吕后为吕太后。她控制了朝廷大权。惠帝死后，她又临朝称制，将吕姓亲属4人封为王，6人封为列侯。这为以后吕氏宫廷政变埋下祸根。公元前180年，吕后死于未央宫，与高祖合葬长陵。

长陵位于陕西省咸阳市渭城区窑店乡三义村。陵墓附近曾经出土"长陵东当"、"长陵西当"和"长陵西神"汉代文字瓦当，证实了这里的陵墓确为长陵。

长陵东西并列两座陵墓，分别为吕后与高祖陵墓。长陵又称"长山"或"长陵山"。刘邦的陵墓以"长"名陵，可能因为长陵所在地古称"长平"或"长平阪"之故。也有人认为，"长陵"是取西汉首都"长安"的第一个字命名的。根据《汉书·地理志》记载，长陵是刘邦生前为自己选址修建的陵墓。长陵的工程设计和施工主持者可能是萧何与阳成延。

长陵陵园平面呈方形，边长780米。高祖陵和吕后陵在同一个陵园内。陵园四面中央各辟一门。陵园四角构筑有"角楼"建筑。陵园之内，二陵墓北部各有一座大型建筑遗址，可能属于长陵的寝殿、便殿一类建筑。在陵园南部分布有庙宇、"寺吏舍"等建筑。

汉高祖刘邦承袭秦制,在营建寿陵——长陵之初,即在长陵之旁建造了陵邑。长陵邑位于今咸阳市秦都区韩家湾乡怡魏村,长陵陵园北邻长陵邑。目前,长陵邑城墙部分遗迹仍然保存,最高处达6米,城墙宽7～9米,墙体夯筑。长陵邑南、北、西面各开一门,南、北二门相对,西门辟于西城墙中央。长陵邑内有官署、市场和里居。据文献记载,汉代长陵邑有近18万居民,他们主要是从关东各地迁徙而来的,其中以关东的旧贵族和新官宦最多。前者如齐楚大族,后者如诸功臣家。长陵邑迁徙来的居民在政治上享受特殊待遇,在经济上得到中央政府"与利田宅"的奖励。长陵邑曾是西汉的重要城市,三国时被废弃。

长陵以其陪葬墓之多,在西汉诸帝陵中独具特色。站在长陵的高大封土之上向东瞭望,东西绵延5公里的长陵陪葬墓分布其间,现仍保留封土的就有63座墓。它们多为南北排列,成组分布。每一组的墓冢大多并列成对。前者属于家族墓地,后者则为"同茔不同穴"的夫妻合葬墓。陪葬墓的封土外形有覆斗形、圆锥形和山形,封土规模也不尽相同。在一些陪葬墓附近,还发现了汉代祭祀或礼仪性建筑遗址。陪葬墓附近有不少陪葬坑,其中出土较多的是各种陶俑、车马器等。

长陵陪葬者大都是当时的达官显贵,正像刘彦谦《长陵》诗所描述的,长陵"附葬垒垒尽列侯"。他们之中有萧何、曹参、周勃、王陵、张耳、纪信、戚夫人、田氏(田蚡、田胜等)及平原君(汉景帝王皇后之母臧儿）等，此外还有一些豪门巨室。

在长陵诸多陪葬墓中，已进行考古发掘的杨家湾汉墓，可能为汉代著名军事家周勃或周亚夫的墓葬。这座墓规模巨大，构筑复杂，为目前发掘的汉墓中所少见，在西汉帝陵陪葬墓中颇有代表性。此墓位于长陵东部，在今咸阳市渭城区肖家村乡杨家湾村北。此墓的重要性还在于其陪葬坑。在墓与墓道内有祭祀坑1个，用具坑和车马坑各3个。主要的为墓南70米发掘的11个陪葬坑，其中出土物以彩绘陶俑为主，计有骑兵俑583件、人俑1965件、盾牌模型410件、鎏金车马饰1110件。11个陪葬坑分成东西两排，由南向北，两两相对，包括骑马俑坑6个，步兵俑坑4个，战车坑1个。11个陪葬坑位于墓前，似象征着为死者送葬的军队。那些乐舞俑则是代表送葬的仪仗队。中间的战车坑应是"指挥车"。这种安排反映了汉代军队送葬制度。从杨家湾汉墓数以千计的陪葬兵马俑，可以想见长达数十里的送葬军队"玄甲耀日，朱旗绛天"的盛大场面。至于西汉帝陵的这类俑坑，其规模之壮观更是可想而知了！

文帝霸陵 汉文帝刘恒（公元前200年~前157年）是高祖刘邦和薄姬的儿子。公元前196年，高祖刘邦率兵打败了陈豨，占据了代地（今山西），立其子刘恒为代王。公元前180年，吕后去世，丞相陈平、太尉周勃和朱虚侯刘章等粉碎了吕氏宫廷政变，迎立代王刘恒为皇帝，是为汉文帝。文帝刘恒废苛刑、重农桑、减赋税，加强边防建设，阻止匈奴南侵。他所开创的"文景之治"被后人誉为"盛世"。

在厚葬成风的秦汉时代，文帝要求为自己建造的陵墓——霸陵，力求节省，不得以金银为装饰，只能用陶器来随葬，尽量减少百姓的负担。对于一位封建皇帝来说，这些都是十分难得的。

霸陵在汉长安城东南57里，位于今西安东郊灞桥区毛西乡杨家屹崂村，群众称之"凤凰嘴"。霸陵地处灞河西岸，因河水之名而为陵名。过去认为霸陵未筑封土，在白鹿原斩原为冢、凿崖为墓，地宫以石砌筑。实际上"斩原为冢"不该在"原边"或"原头"，"凿崖为墓"亦与霸陵由郎中令张武为覆土将军矛盾。因此尽管霸陵"不起坟"，但"稠种柏树"于墓上，筑陵园围于其中。霸陵陵园筑有高大门阙，陵园附近有宏伟的寝园、陵庙建筑。

孝文窦皇后为河北人，作为宫女被选入长安皇宫，后来又被吕后赐予代王刘恒，生子刘启。刘启被立为太子后，她成为皇后，刘启即位，又为太后。窦太后笃信老庄哲学，文帝的政治路线能够在景帝时代得以继续推行并发扬光大，窦太后起了重要作用。公元前135年，窦太后去世，合葬文帝霸陵。

窦皇后陵墓位于今西安市灞桥区毛西乡任家坡村西南，平地起冢，形如覆斗，周围筑有陵园。考古工作者曾在窦皇后陵园以西1000米处发现大量陪葬坑，发掘了其中的47座。这些陪葬坑分布集中，东西8行，每行少则1座，多者11座。坑内或置陶棺，或筑砖栏。出土物有陶俑、陶罐、禽兽遗骨和谷物等。陶俑全是彩绘女侍俑，它们应象征窦皇后的生前侍女。禽兽遗骨经鉴定有马、羊、猪、狗、鸡、鹅、鹤等，它们供死者生前或役使、或寻欢、或食用、或以精神寄托，如鹤在古代被视为"仙禽"，寓死者骑乘以"升天"之意。

景帝阳陵 汉景帝刘启（公元前188年～前141年）系文帝和窦皇后之子。公元前156年即帝位，继承其父的政策，遵奉"黄老之术"，打击地方割据势力，采纳"削藩"建议，平息吴楚七国叛乱，巩固和加强中央集权统治。经济上重视农业的发展，外交上对匈奴采取"和亲政策"，为全面反击匈奴对西汉王朝的侵扰创造了条件。景帝与其父文帝共同开创的"文景之治"，被历史学家誉为中国古代的太平盛世，他们也成了中国古代史上的著名皇帝。

孝景王皇后系陕西兴平人，始嫁长陵邑金王孙，后进太子宫当宫女，颇受太子刘启宠幸，先后生三女一男，子即武帝刘彻。刘启即帝位后，她被立为皇后，公元前126年去世，合葬阳陵。景帝阳陵始筑于公元前153年，因其位于当时的弋阳县，因此取名为"阳陵"。阳陵位于今咸阳市渭城区正阳乡张家湾村北。阳陵在汉长安城东北，西南距未央宫前殿遗址34里，西距汉高祖长陵12里。其东为泾水、渭河汇流之处。阳陵是咸阳原上9座西汉帝陵中最东面的一座。景帝陵与王皇后陵均为平地起冢，封土形如覆斗。二陵间距450米，各自筑有陵园。陵园每面正中各辟一门，门外设双阙。在帝陵陵园和皇后陵园之外又有一座大陵园，大陵园四面各置一门,与帝陵陵园四门相对。大陵园之内除帝陵陵园和皇后陵园之外,还有为数众多的陪葬坑和规模庞大的礼制建筑。

阳陵的礼制建筑分布在帝陵陵园东南部和西南部。东南部礼制建筑遗址平面近方形,边长约260米,外围壕沟环绕。遗址中部为一夯土台基,其平面方形,边长54米,四面共置12座门,每面3座门。该遗址可能就是阳陵德阳庙遗址。西南部礼制建筑遗址东西320米,南北210米。

阳陵邑位于阳陵以东,约在今高陵县马家湾乡一带。景帝在位时,为了繁荣阳陵邑,从关东迁徙来大量豪杰巨富、名门望族,其中的大族有田氏、革氏、爰氏、单父氏、秘氏、郦氏、奚氏、周氏、张氏和翟氏等。阳陵邑东西4500米,南北1000米,面积4.5平方公里。陵邑之内勘探发现东西向道路11条、南北向道路31条,主要道路宽约60余米。陵邑北部为官署区,南部为居民区。

阳陵陪葬墓主要分布在陵园以东,东西排列在东司马门道南北两侧。分布范围东西长2500米,南北宽1500米。司马道南北分布着数量众多的陪葬墓园。墓园平面大多为正方形。墓园之内有数量不等的墓葬和陪葬坑。墓园之间从壕沟为界,已探明陪葬墓园约200座。据文献记载,栗姬、李蔡、苏建家族的墓葬,均在阳陵陪葬墓区。

阳陵陪葬坑主要分布在帝陵陵园之内与陵西北和东南等处。前者已发现陪葬坑86座,出土了大量文物。中者距景帝陵约400米，南北排列14排，坑是东西方向，占地约96000平方米；后者位于景帝陵东司马门道南侧，在王皇后陵南300米，东西长320米、南北宽300米，共有24个陪葬坑，均为南北方向，东西成行，行距20米，每行有1~6个陪葬坑不等。陪葬坑平面为长条形，一般宽4米，长度不等（25~291米），坑深距今地表约7米。陪葬坑由坑体和坡道两部分组成，坑体之中放置随葬品。坡道是进出陪葬坑的通道。陪葬坑四壁镶嵌木板，底部铺木板，顶部架棚木，形成一座"木屋"，内高约2米。陪葬坑中的随葬品"器用如生人"，几乎包括了皇帝生前使用的一切，从兵马俑到饮食用具、生活器皿、食用动物、五谷粮食等。如17号坑，北部安放了两乘彩绘木轺车，车后为持戟、拥盾、挎长剑的武士俑群队列。南部为粮仓，堆放着大量粮食。20号坑南区是列队的俑群，北区是整齐放置的4个巨型木箱。21号坑中随葬品丰富，有陶牛、羊、猪、狗、鸡等动物俑群，有大小不一的彩绘漆盘、盒等，还有配套成组的陶、铁、铜质的饮食用具、度量衡器。陪葬坑四周安置了手持兵器的陶俑。阳陵陪葬坑中的随葬品，除粮食之外，其他文物多为明器，一般是原物的1/3大小，制作精致，一丝不苟，可作为研究汉代物质文化的重要实物资料。

在皇后陵园之内的封土外围发现陪葬坑31座。

阳陵的工程相当大，主要由当时的刑徒完成。这些刑徒的墓地，位于阳陵西北1500米的上狼家沟村。这个墓地占地约8万平方米，估计埋葬刑徒在万人以上。刑徒墓排列无序、葬式不一。墓坑平面多呈长方形或不规则形，每一墓坑之内葬埋刑徒数目不等。从发掘出来的刑徒骨架来看，有的身首异处，有的被腰斩；有的颈上有钳，有的脚或腿上带钛。刑具铁钳直径17～24厘米，每只重约1150～1600克。铁钛套在刑徒的脚后跟上，类似后代的脚镣，直径9.5厘米，每只重820～1100克。这些刑徒大多是在营建帝陵及其附近众多建筑的繁重劳役中被摧残致死。刑徒墓埋葬之草率、尸骨之凌乱，令人目不忍睹。

武帝茂陵 汉武帝刘彻（公元前156年～前87年）是景帝和孝景王皇后之子，公元前140年即帝位，在位54年，是汉代执政时间最长的皇帝。西汉前期的文景之治，为汉武帝的统治奠定了雄厚的物质基础。汉武帝在政治上削弱各地诸侯王的势力，加强中央集权统治；在思想上确立儒家统治地位；在经济上实行中央对盐铁的专卖政策，充实国家财政收入。他又迁徙各地豪杰巨富于京畿，使国家便于对其进行直接控制，并兴修水利，发展农业。在军事上和外交上，汉武帝任用军事家卫青、霍去病发动反击匈奴的战争，基本解除了匈奴的威胁，确保了内地经济、文化的发展。与此同时，任用外交家张骞出使西域，促进了西汉王朝与中亚、西亚等地区的政治、经济和文化交往。汉武帝执政时期是西汉王朝的鼎盛时代，也是中国封建社会前期的黄金时代。汉武帝死后，葬于茂陵。茂陵位于今陕西兴平市南位乡策村。此地汉代为槐里县茂乡，汉武帝在此营建寿陵，故名"茂陵"。

茂陵是西汉帝陵中修建时间最长的一座，汉武帝执政54年，茂陵就修了53年，汉武帝下葬时，封土上的树木已经可以合抱。茂陵也是西汉帝陵中规模最大的一座，陵墓封土底部和顶部平面均为方形，边长分别为230米与40米，封土高46.5米。茂陵地宫随葬了大量金银财宝，鸟兽鱼鳖、器用百物应有尽有。武帝生前喜爱的东西更在随葬之列，如西域康居王贡献的玉箱和玉杖，与其相伴几十年而受益匪浅的大量图书等也都放入陵墓之中。由于茂陵营筑时间很长，武帝死后下葬时，茂陵内的陪葬品甚至多得放不进去。西汉末年，农民起义军打开了茂陵墓门，成千上万名起义军兵士搬取陵内随葬品，搬了数十天，搬走的还不足陵中随葬品的一半，由此可见茂陵随葬品之多。茂陵的帝陵陵园平面为方形，边长430米。陵园四面各置一门，各门距陵墓封土均约百米。门外置双阙。二阙间距12~16米。每个阙基面宽38米，进深9米，残高3米。

帝陵陵园之内封土四周勘探发现陪葬坑63座。此外，在帝陵陵园之外、茂陵大陵园之内勘探发现陪葬坑115座，分布于帝陵陵园西部、西南部、北部和东部，其中西部有22座，西南部有56座，北部有21座，东部有16座。

与汉武帝合葬的后妃为李夫人。李夫人出自梨园世家，父母兄弟都以音乐为生。李夫人的兄长李延年，以能歌善舞而为汉武帝赏识，他推荐其妹给汉武帝。李夫人成为武帝爱妃，但不久便身患重病，很快离开人世。武帝对她十分思念，命画师在甘泉宫绘制了她的画像，又让艺术家塑造了栩栩如生的李夫人像，放在轻纱幕中。汉武帝看后，非常高兴，他邀来方士祈仙求神，谱曲歌之，作赋悼之，寄托他对李夫人的哀思。正因如此，武帝才把李夫人以皇后之礼安葬，并破格把其陵墓置于茂陵大陵园之内、帝陵陵园之西。李夫人墓位于茂陵西北 525 米，在今兴平县南位乡范家村。李夫人墓高 24.5 米，底部东西 114 米，南北 131 米。在李夫人墓封土南部发现陪葬坑 4 座。

茂陵附近的礼制建筑主要分布在帝陵东南部、南部和西北部，东南部遗址可能为文献记载的白鹤馆遗址，它位于茂陵东南 1 公里今瓦渣沟一带。这里曾出土过四神图案的空心砖、巨型青玉铺首等。南部遗址北距帝陵 500 米，西北部遗址在帝陵陵园西北角之外。

茂陵的陵庙称"龙渊宫"，或名"龙渊庙"、"孝武庙"，位于陵区东部。

茂陵邑位于茂陵陵园东北部，其范围东西长 3150 米、南北宽 2450 米。武帝曾三次下令徙民于茂陵邑。所徙居民为全国各地的豪强、官吏和家产 300 万以上的殷实人家。

茂陵邑中集聚了当时天下一大批富豪。他们拥有强大的经济实力，政治上也起着重要的作用。例如，对于违背其经济利益的有关政策，他们可以将政策具体制定者置于死地。大司农田延年为了解决修筑昭帝平陵的经费，提出没收那些豪富在此项工程上所获取的暴利，因而触犯了投机倒把的富豪们的利益，于是他们向中央政府"出钱求延年罪"。尽管田延年在追随霍光、拥立宣帝的活动中立过大功,大将军霍光、御史大夫田广明、太仆杜延年等朝廷重臣多方为他开脱,但还是无济于事,最后田延年自刎身亡,豪富们才算罢休。茂陵邑中的豪富们饱食终日,无所用心,奢侈无度,斗鸡寻欢,走狗取乐。由于斗鸡走狗之风甚盛,鸡犬"身价"倍增,一条狗卖价竟达百金。茂陵邑的特殊地位,还吸引了当时一大批社会名流,其中不少人在西汉王朝的历史舞台上扮演过重要角色,或建立了光辉业绩,如董仲舒、司马相如、司马迁等。

汉代茂陵邑有 6.1 万户、27.7 万人,比当时首都长安的人口还要多。

据历史文献记载,茂陵的陪葬墓有卫青、平阳公主、霍去病、金日䃅、霍光、董仲舒、公孙弘、李延年等墓,这些陪葬墓分布在茂陵的东司马门道南北两侧。其中霍去病和卫青墓冢形如祁连山与庐山,以此作为纪念二位将军在那里与匈奴交战的赫赫战功。霍去病墓前的成组石刻有跃马、卧牛、伏虎、卧象、野人、石蛙、"马踏匈奴"等,圆雕、浮雕和线雕运用得当,有的注意形态,有的突出神情,有形有神,形神兼备。看到这批石刻,眼前就会浮现出祁连山古战场上抗击匈奴侵略的场面。霍去病墓前这组大型石雕作品,是中国目前保存的一批时代最早的大型陵墓石刻艺术珍品。霍去病墓的石刻有着深刻历史背景。霍去病是汉代征战西域的著名军事家,西域是他创建赫赫战功的广阔舞台。秦汉之际,西域地区墓前流行以石人、巨石装饰的风俗，它们象征战场俘虏，树立坟前以侍死者。霍去病墓前的"马踏匈奴"石刻含有类似意义，但它与新疆北境草原一带的石人石棺墓的石刻相比，所反映的历史内容更为深刻、广泛。它对以后我国历代陵墓石刻的影响也是深远的，这主要表现在陵墓石刻的题材与组合方面。

宣帝杜陵 宣帝刘询（公元前91前~前49年）是汉武帝的曾孙，其父为史皇孙，母为王夫人，祖父为戾太子。刘询于公元前74年即帝位，执政26年。他奖罚分明，重用人才，创造了一个比较安定的社会局面，被史学家誉为西汉"中兴"时代。公元前65年，汉宣帝在长安城东南郊杜县东边的原上营筑寿陵，取名杜陵，在今西安市雁塔区曲江乡三兆村。宣帝死后葬于杜陵。孝宣王皇后祖籍江苏沛县，西汉初年其祖上由江苏迁徙长陵邑。刘询即位前，曾与孝宣王皇后之父王奉光相识，当了皇帝后就将王奉光之女召入后宫，封为婕妤。王婕妤后来被立为皇后，是为孝宣王皇后。公元前16年，王皇后去世，合葬杜陵。

杜陵是开展考古工作最多的一座西汉帝陵。帝陵平地起冢，封土为覆斗形，底部和顶部平面均为方形，边长分别为175米与50米，封土高29米。陵墓四面正中各有一条墓道通向地宫。4条墓道大小、形制基本相同，每条墓道宽约8米。帝陵周筑墙垣，形成帝陵陵园。陵墓居陵园中央。陵园平面方形，边长430米，四面正中各辟一门，4座门的形制、大小基本相同。四门距陵墓封土均为120米，门址一般通宽85米，进深

20米。陵园门由门道、左右塾和左右配廊组成。门道宽13.2米；两边为塾，每塾面宽9.75米、进深15.3米；二塾外侧分别为配廊，廊长26.04米、宽3.28米。

与宣帝合葬的王皇后陵墓、陵园形制与帝陵基本相同，只是规模略小。王皇后陵在帝陵东南575米，封土为覆斗形，底部和顶部边长分别为145米与45米，封土高24米。陵园边长330米，四面墙垣中央各辟一门，四门形制、大小基本相同，各门距封土均为90米。从已发掘的陵园东门遗址来看，门址通宽68.55米，进深19.2米。陵园门亦由门道、左右塾和左右配廊组成。门道宽19.2米；左右塾形制、大小相同，每塾面阔8.4米、进深13.65米；左右配廊形制、大小相同，每边配廊长19.5米、廊道宽7米。

在帝陵陵园之外东南和皇后陵陵园之外西南分别建筑有帝陵与皇后陵寝园。帝陵寝园平面为长方形，东西长173.8米、南北宽120米。寝园四周筑墙，东、西、南墙各辟有门。东、西门各一座，南墙上辟有三座门。寝园里有寝殿和便殿两组大建筑。

寝殿是寝园的主体建筑，位于寝园西部，为一大型宫殿建筑，东西长度107.8米、南北长度110.6米，面阔13间、进深5间。大殿筑于长方形夯土台基之上。夯台东西长51.2米、南北宽29.6米。寝殿东西各一门，南北各三门。殿堂周置回廊。寝殿以北是举行礼仪活动的广场。

便殿在寝殿以东，是一组多功能的建筑群，由殿堂、院落群和成套的房间组成。殿堂在便殿西南部，由一座大殿和南、北两座院落组成。大殿东西长18.5米、南北宽15.3米。院落群分布在便殿北部，这里东西并列分布着两座大院落和一座小院落。便殿的大量建筑是成套的房屋，分布在整个便殿建筑的东南部。这些房屋，每套数量不一，面积大小不等，布局结构各异，表明其功能的不同（见图7）。

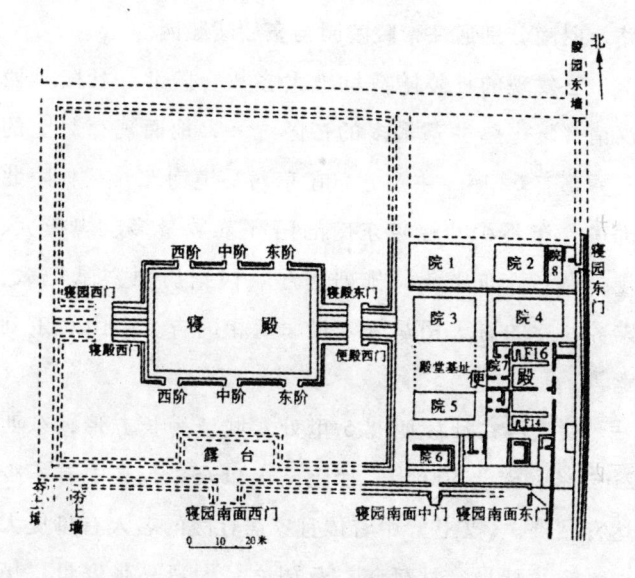

图7　杜陵寝园遗址平面图

寝园南部还分布着大面积的小房屋，这些房屋或为"寺吏舍"之类的建筑，或为守陵宫女住所。

王皇后陵的寝园位于后陵西南，周围筑墙。其规模较帝陵寝园为小，东西长129米、南北宽92米。寝园东、西、南面辟门。寝园中有寝殿和便殿。寝殿位于寝园西部，东西长54.15米、南北宽34.08米；东、西、南面正中各置一门，北面有二门；北部为礼仪活动广场。便殿在寝殿以东，其范围东西长度33米、南北长度73米。在寝园南部还有大面积建筑物，大概是从事陵事活动的杂役人员、侍卫兵士及守陵人员的住地与活动场所。

杜陵陵庙位于帝陵东北400米，庙址夯土台基东西63米，南北66米；东西两侧，各有一条南北向道路，向南分别通往帝陵陵园与皇后陵陵园。

已发现的杜陵陪葬坑绝大多数在陵北。杜陵是西汉诸帝陵中陪葬墓最多的帝陵之一，地面现存封土的陪葬墓有62座，主要分布在东司马道南北，在杜陵北部也分布不少。杜陵东南的陪葬墓数量多、规模大、规格高，分布密集，排列有序。根据历史文献记载，陪葬杜陵的有大司马张安世、丞相丙吉、中山哀王刘竟等。

杜陵邑在杜陵西北5里处，城址为长方形，东西2100米，南北500米。杜陵邑人口众多，其中有不少达官显贵，《汉书》中有传且家居杜陵的名人有御史大夫张汤、杜周、杜延年、萧望之，大司马张安世，历任九卿的张延寿，右将军苏建、马奉世、史丹，典属国苏武，丞相朱博、韦贤、韦玄成、王商，后将军赵充国，执金吾萧育，大司农萧咸，大鸿胪冯野王，太守韩延寿、萧由、冯逡等。出身杜陵邑的高级官吏之多，甚至连京城长安也相形见绌。杜陵邑成了京师长安之外的另一处重要政治舞台。封建社会权力和财富往往是一对孪生兄弟,杜陵邑在经济上也是富冠京师,如张安世就是达官兼大工商业主,京师首富则为杜陵邑的樊嘉。

东汉帝陵

东汉建都洛阳,东汉一代 12 位皇帝,除最末的献帝葬于河南焦作市(禅陵)外,其他诸帝均葬于洛阳。近年来考古勘探和研究提出,洛阳的东汉帝陵可分为两个陵区,即汉魏洛阳城的西北部山陵区和东南陵区。其中前者有光武帝原陵、安帝恭陵、顺帝宪陵、冲帝怀陵、灵帝文陵,后者有明帝显节陵、章帝敬陵、和帝慎陵、殇帝康陵、质帝静陵、桓帝宣陵。

东汉帝陵形制与陵寝制度较西汉帝陵有重大变化:陵墓由"亚"字形四条墓道改为一条南北向墓道,封土由覆斗形变为圆丘形,帝陵与皇后陵由"同茔不同穴"改成皇帝与皇后同墓合葬。西汉晚期帝陵已渐趋衰落的外藏椁系统的陪葬坑,在东汉帝陵中已不见。

东汉帝陵的寝殿和园寺吏舍设在帝陵附近的南部或东南部。从明帝显节陵开始,陵园周围不再构筑墙垣,改用"行马",即竹木做成的临时性屏篱。在陵前一般建造了石殿。不再设置陵庙。东汉帝陵和西汉帝陵一样,有数量可观的陪葬墓。

七 魏晋南北朝时期的帝陵

曹魏帝陵

历史上习惯于把东汉建安年间形成的曹氏政权称为"曹魏",曹魏的缔造者曹操,严格意义上说属于东汉时代,曹操高陵也就应该属于东汉王陵,但其子曹丕称帝之后,尊其父为魏武帝,称魏武王曹操高陵为魏武帝高陵,曹操高陵已由东汉王陵变为曹魏帝陵,因此本书将其列入曹魏帝陵。

曹操(155~220年)字孟德,小名阿瞒,谯(今安徽亳县)人。曹操是三国时著名政治家、军事家和诗人,东汉末年被封为丞相、魏王,其子曹丕称帝后,被追尊为武帝。曹操主张"薄葬",下令"禁厚葬",把自己寿陵选址在瘠薄土地之上,陵墓不筑封土。曹操死于洛阳,葬于邺城。据文献记载,曹操陵墓位于邺城西门豹祠西边的高地之上,名高陵。曹操的陵寝还是依照东汉帝陵的礼制,陵墓附近修建了祭祀殿堂。魏文帝曹丕当政时,进一步推行"薄葬"政策,拆毁了其父陵墓附近的祭祀性建筑。

曹操高陵已于2009年进行了抢救性考古发掘。曹操高陵位于河南省安阳市西北安丰乡西高穴村。墓葬平面为"甲"字形的多室砖室墓，由墓道、砖砌护墙、墓门、封门墙、甬道、墓室和侧室组成，全长约60米。高陵无封土，墓上发现建筑遗迹。出土文物有金器、银器、铜器、铁器、玉石器、陶器、瓷器等400余件，其中刻铭石牌、陶器、钱币、石圭、石璧较为重要。高陵坐西朝东，周筑陵园。

魏文帝曹丕（187~276年）系曹操之子，字子恒。220年，他代汉称帝，定都洛阳，国号魏。魏文帝指出，战国、秦汉以来帝王陵墓竞相修筑高大封土并非上古的制度。他提出帝陵应该依山凿墓，墓上不筑封土，不立祭祀的寝殿，不造陵园，不建陵邑。他认为，帝王死后埋葬就是为了让人们不能看见，陵墓建于不毛之地，不引起人们重视，改朝换代之后人们也就不知帝陵的地点；陵墓之中要薄葬，不随葬金银珠玉等贵重物品，这样就不至于引起为谋财而盗掘陵墓，使死者能够尸骨完整。魏文帝于222年营建寿陵，选址于洛阳首阳山，约在今河南省偃师市首阳山火车站附近，陵名为首阳陵。226年魏文帝去世，便葬于首阳陵。

魏明帝曹睿（205~239年），系曹丕之子。239年死于洛阳，葬于高平陵。文献记载此陵在洛阳的大石山，又名万安山。该山在今河南偃师市境内，具体地望尚待进一步研究。

西晋帝陵

西晋建都洛阳，历武帝、惠帝、怀帝、愍帝4位皇帝。前2位死于帝位上，后2位被刘聪杀死于平阳，加上被追封的宣帝司马懿、景帝司马师和文帝司马昭，共有5帝的陵墓在洛阳。根据20世纪初出土的晋人荀岳、左棻墓志推断，西晋帝陵陵区在汉魏故城东约5公里、首阳山之南的南蔡庄附近。西晋帝陵不封不树。近年来对陵寝地望开展了考古工作，基本情况已有所了解。

洛阳的5座西晋帝陵分别位于北邙山和乾脯山的两侧。自东向西，山南为文帝崇阳陵、武帝峻阳陵和惠帝太阳陵；山北为宣帝高原陵、景帝峻平陵。

晋武帝司马炎（236~290年）字安世，河内温县（今河南省温县西南）人，司马昭之子，265年代魏称帝，建立了晋王朝。280年灭吴，统一全国。武帝晚年政治衰败，生活荒淫。武帝峻阳陵位于偃师县南蔡庄村北2.5公里的北山坡之上，墓道长36米、宽10.5米，墓室长5.5米、宽3米、高2米。陪葬墓已发现22座，分布在峻阳陵以西40米，自南向北分作4排，前排各墓间隔较大，后排各墓间隔较小。陪葬墓位置，一般依据墓主生前地位而定，居前排者位高，居后排者稍次。帝陵和陪葬墓均为坐北面南。陵区内，墓葬布局主次分明，排列有序，帝陵位于陵区最东部略偏南，居于尊位。陵区未发现陵垣痕迹。

文帝司马昭（211~265年）字子上，司马懿之子。司马昭曾为曹魏大将军，专断朝政，图谋代魏，魏帝曹髦曾说："司马昭之心，路人皆知。"263年，司马昭发兵灭蜀汉，自称晋公、晋王。司马炎代魏称帝，建立晋朝后，追尊司马昭为文帝。文帝崇阳陵位于后杜楼村北1.5公里的一座无名山丘南麓。墓道长46米、宽11米，墓室长4.5米、宽3.7米、高2.5米。在帝陵西和西北部还分布有4座陪葬墓，陪葬墓与帝陵相距约50米。所有陵墓均为坐北面南。崇阳陵陵区周围还残存有陵园墙迹及其他建筑遗迹。

六朝帝陵

六朝（229~589年）包括东吴、东晋和宋、齐、梁、陈4朝。东吴孙氏皇室墓地在南京紫金山独龙阜玩珠峰下，相传孙权及夫人的陵墓都在这里，故此地又有"吴王山"、"孙陵岗"之名。但与此陵有关的文物早已不复存在。相对而言东晋和南朝帝陵保存较好。

①东晋帝陵。东晋定都建康城，即今南京市。东晋11位皇帝的陵寝均在南京附近。南京钟山余脉富贵山南麓为一处东晋帝陵陵区，有东晋康帝、简文帝、孝武帝、安帝和恭帝5座帝陵。南京鼓楼岗南麓，即九华山之阳，为另一处东晋帝陵陵区，有东晋元帝、明帝、成帝和哀帝4座帝陵。二陵区又称"东陵"与"西陵"。这些帝陵均为依山而葬，都在山的右上方。东陵和西陵对称分布于宫城左右，均在都城之内。晋废帝司马奕吴陵位于江苏吴县，晋穆帝永平陵在今南京和平门外幕府山西南麓。已发掘的东晋帝陵有晋穆帝永平陵和晋恭帝冲平陵。

永平陵 晋穆帝司马聃（342~361年）字彭子，

系晋康帝司马岳之子。司马聃2岁即帝位，皇太后抱帝临朝，19岁去世，葬于永平陵。墓室平面为"凸"字形，券顶砖室墓。此墓总长9.05米、宽8米，可分甬道、墓室和封土墙三部分。

甬道平面为长方形，券顶，长2.9米、宽1.56米、高2.7米。甬道内设有二重木门。

墓室平面方形，券顶，长4.98米、宽4.24米、高4.03米。

墓内随葬器物有瓷质日用器皿、玛瑙钵、玻璃器等高级器皿以及梳妆用具、装饰用品、陶质明器等。

冲平陵 晋恭帝司马德文（384~420年）系晋安帝司马德宗之弟，原为琅玡王。418年晋安帝为刘裕所杀，司马德文即帝位。恭帝笃信浮屠，是个虔诚的佛教弟子，但这也无法改变他的悲惨命运。司马德文上台之时，晋皇室衰微已极。420年恭帝被杀，晋朝灭亡。恭帝以亡国之主被葬于冲平陵。冲平陵依山为墓，前临平原，系在山麓南部的半山腰的山石上开凿一长35米、宽6.85~7.5米、深4.3~7米的墓坑，在其上砌造墓室和甬道。墓室平面长方形，长7.06米、宽5.18米、高5.15米。四壁砖砌，墓顶拱券形。甬道在墓室的前方，券顶长2.7米、宽1.68米。甬道内设木门两重。墓门以砖封堵。为使墓门牢固，又在墓前加砌两重封门墙。墓室前部正中开凿有渗井，其下与墓室、甬道底部开凿的纵贯南北的排水沟相连。排水沟长达百米。在距墓400米处有一石碣，其上有"晋恭皇帝之玄宫"铭文。

②南朝帝陵。南朝（420～589年）包括宋、齐、梁、陈4代，先后建都于建康（今南京）。有遗迹可寻的南朝帝陵有15处：宋武帝刘裕初宁陵、齐高帝萧道成泰安陵、齐宣帝萧承之永安陵、齐武帝萧赜景安陵、齐景帝萧道生修安陵、齐明帝萧鸾兴安陵、齐和帝萧宝融恭安陵，梁文帝萧顺之建陵、梁武帝萧衍修陵、梁简文帝萧纲庄陵、陈武帝陈霸先万安陵、陈文帝陈蒨永宁陵、陈宣帝陈顼显宁陵。其中已经考古发掘的有5座帝陵：齐景帝修安陵、齐宣帝永安陵（或齐高帝泰安陵）、齐和帝恭安陵、陈文帝永宁陵和陈宣帝显宁陵。

南齐（479～502年）和南梁（502年～557年）皇室均为萧姓，并为西汉著名政治家萧何的后代，他们由北方南迁，侨居今江苏丹阳县境内。齐、梁二朝帝陵在江苏丹阳，陵区入口在丹阳运河的肖港口，其显著标识是两个大型石雕，东为天禄、西为麒麟，此地名"陵口"。陵区周长约60公里，埋葬齐梁二朝帝陵11座。在丹阳胡桥鹤仙坳、吴家村和建山金家村发掘的3座南齐帝陵，形制相近，规模相若。现以齐景帝萧道生修安陵为例介绍如下。

景帝萧道生以帝陵规格下葬，陵名修安。修安陵位于丹阳市东北17公里之鹤仙坳的山冈南麓，陵南510米有二石刻分列于神道左右。陵墓依山建造，先于山冈中部开凿出长18米、宽8米、深4米的墓坑，在墓坑中砖砌墓室，全墓用330种不同形制的10万多块砖砌成。墓室平面为长方形，长9.4米、宽4.9米，原高4.35米，为穹窿状顶。墓室前壁开门，与甬道相连。甬道长2.9米、宽1.72米、高2.92米。甬道为拱券顶，其中设置两重石门。墓门外构筑了两道封门墙，每道墙宽7.6米、高2.6米、厚0.6米。二墙之间为厚0.25米的石灰层，以防潮湿。墓室前部开凿渗水井，下连排水沟。排水沟通过甬道底部直通墓外，全长190米。仿照皇帝生前宫殿中的织锦壁衣，在墓室内壁面上嵌有拼砌的大幅模制砖画，画面内容为：墓室四壁按方位分设青龙、白虎、朱雀、玄武四神图像；在左、右壁有竹林七贤图、仪卫图等；甬道两壁的画面均为狮子。修安陵早经严重盗掘，残存的遗物有陶、瓷日用器皿，陶屋等明器，铁刀、剑等武器，许多金饰和金质小动物，小型玉器，玛瑙、琉璃、水晶质的各类饰物、玩具，大型陶俑和石俑等。

陈文帝永宁陵和陈宣帝显宁陵均在南京。南朝末年的显宁陵位于南京西善桥油坊村。陵墓坐南朝北，封土高10米，周长141米。陵墓工程规模宏大。墓坑开凿于罐子山北麓，长45米，宽9～11米。墓坑中构筑的墓室长10米，宽、高各6.7米。甬道为拱券顶，长3.5米、宽1.75米、高3米。甬道内设两重石门。墓内壁面以花纹图案砖嵌贴，砖上图案为卷草和莲花等花纹，两壁还有砖印壁画"狮子图"，这些都反映出佛教文化的影响。

由于东晋与南朝帝陵时代相近、自然环境相同，其特点亦相近。六朝帝陵聚族而葬，根据堪舆术"背倚山峰、面临平原"之说，帝陵大多选择于土山丘陵的半麓，陵墓石刻均在平地。墓向以葬地形势而定，但多为南和东向。墓坑凿成长方形，再用砖砌成大型单室墓。墓室为券顶或穹窿顶，内壁砌以整齐排列的花纹图案砖或由整幅壁画砖拼成。墓门两重，石砌，门额呈半圆形，拱上浮雕人字拱，此外还营造有封门墙和挡土墙。为了防止墓室内积水，墓前均设有排水沟。陵前有用于守陵或祭祀的寝庙等建筑。南朝帝陵神道两侧分布有石兽一对（一天禄、一麒麟）、石柱一对。陵前石刻的排列，一般是石兽居首，石柱次之，石碑位后。

北朝帝陵

北魏帝陵一改魏晋帝陵"薄葬"之风，大作封土，神道列置高大石象生。

北朝时期的帝陵约有 22 座，已发掘的有孝文帝寿宫"万年堂"、魏宣武帝景陵和北齐帝陵。

北魏帝陵分两处，一在山西大同，一在河南洛阳。

山西大同的北魏帝陵有孝文帝的万年堂和文明太皇太后冯氏的永固陵。严格讲冯氏永固陵并非帝陵，但由于她曾两度执政，"永固陵"又是在她生前所造，加之北魏拓跋氏政权母系家族特殊权势的影响，使永固陵的形制与帝陵无异，规模则有过之而无不及；又因"永固陵"已经考古发掘，我们亦与万年堂同时予以介绍。

冯太后（442～490年），长乐信都（今河北冀县）人，北魏文成帝皇后，献文帝和孝文帝时曾临朝执政25年，死后葬于永固陵。永固陵位于大同市北25公里的镇川乡西寺儿梁山（古称方山）南麓，俗称"祁皇坟"。陵墓坐北朝南，现存封土高22.87米，底部呈方形，东西长124米、南北宽117米。墓室位居封土中央之下，属于砖砌多室墓，由墓道、前室、甬道和后室4部分组成。主室平面呈方形，南北6.4米、东西6.83米、高7.3米，为四角攒尖顶；主室与前室间由拱顶过道相连，过道两端各安置一道石门。前室为券顶，平面亦近方形，长4.2米、宽3.85米、高3.9米。墓道与前室相接，长5.9米、宽5.1米、高5米。全墓总长23.5米。在永固陵之南600米建造了永固堂，属于祠庙一类建筑。据文献记载，永固堂为石构建筑，其前列置石兽和石碑。在永固堂之南约200米为思远佛寺，现存周绕回廊的方形塔基建筑遗迹。灵泉宫池位于思远佛寺之南的山下。

北魏孝文帝拓跋宏的陵墓万年堂在永固陵北约1公里处。陵墓坐北向南，封土高13米，底部平面呈方形，边长60米。墓为砖筑，由墓道、前室、甬道和后室组成。后室平面近方形，四角攒尖顶。甬道连接前、后室，宽2.46米，高2.51米，残长10米，前、后室被破坏。万年堂实际是孝文帝的"虚宫"。

398～495年的近百年中，北魏统治者的首都在平城（今大同），平城一直是北魏的政治、文化中心。永固陵和万年堂集中反映了北魏早期帝后陵寝的形制特点。孝文帝太和十八年（494年）迁都洛阳，在瀍河以西筑长陵，宣武帝葬景陵、孝明帝葬定陵、孝庄帝葬静陵，都在洛阳西北瀍河附近北邙山上，左右毗连，形成北魏皇室陵墓区。这个陵区的开创者是孝文帝。陵区之内长陵居中，景陵和定陵分别在长陵前方的左右。洛阳邙山瀍河两岸北魏陵区的陵墓分布特点为父子左右夹处、兄弟并排安置。

孝文帝拓跋宏（467～499年）又名元宏。471年即位，490年亲政，执政期间改革朝政，适应了各族人民融合、交流与发展的总趋势。他死于洛阳，葬于长陵。长陵位于河南孟津县官庄村东境内，地处瀍河以西、邙山之南。冢高35米、底径45米。长陵西北103米为魏文昭皇太后陵，其冢高23米，底径35米。长陵居于整个陵区的中心位置，在其西北、北、东和东南诸面的兆域之内分布着陪葬墓。

孝明帝定陵位于洛阳市东北郊瀍河以东的送庄镇西山岭头村南。

孝庄帝静陵位于洛阳市郊区邙山的上寨村南，冢高15米，底部直径约40米。封土以南12米曾出土石翁仲1件，身高3.14米。

宣武帝元恪（483～515年）系孝文帝次子，499年文帝崩，元恪即帝位，515年死于洛阳，葬于景陵。宣武帝是洛阳北魏帝陵中唯一进行过考古发掘的陵墓。景陵封土高24米，底部平面呈圆形，直径105～110米，墓南10米、神道西侧有一石翁仲，头残，残高2.89米，身着广袖袍服，双手拄剑。景陵为坐北面南的砖室墓，全长54.8米，由墓道、前甬道、后甬道和墓室4部分组成，平面呈"甲"字形。墓道水平长40.6米，宽2.7～2.85米，坡度11度。墓道南段为土壁，长36.1米；北段为砖壁，长4.5米。前甬道南与墓道相接，东西3.38～3.4米、南北2.35～2.4米，拱券顶，券高3.78米。后甬道南北分别与前甬道、墓室相连接，长5.12米、宽1.94米，拱券顶，券高2.64～2.8米。此墓有两道砖筑封门墙，分别位于前、后甬道南端。墓门石质，安装于后甬道北端，亦即墓室南壁中部，由门楣、门额、立颊、门下坎、门扇等青石构件组成。墓室以青条砖砌筑，平面近方形，东西6.92米、南北6.73米，墓顶为四角攒尖式，高9.3米。陵墓因被盗严重，出土遗物甚少。

河北湾漳发掘的北朝大墓，可能是北齐都邺时期的帝陵之一。此墓原有高大坟丘，占地8000余平方米。墓南曾发现一石翁仲，高约3米。墓南北长52米，坐北面南，由墓道、甬道和墓室等组成。墓道长37米，宽3.36～3.88米，高0.36～8.86米；甬道长6.7米，宽2.65～3.53米，高3.9～4.34米。墓室平面呈方形，边长7.4～7.56米，高12.6米，为四角攒尖顶。墓室南壁正中辟有墓门，安装有石门。墓室西侧有须弥座石质棺床。墓道壁画保存较完好，壁画面积约有320平方米，最高处8.5米，这在中国壁画史上实属罕见。东、西壁壁画画面构图基本对称，两壁绘有如真人大小的人物逾百，主要内容均为由53人组成的仪仗队列。甬道墓门之上的墙壁正中绘一朱雀，高约5米，其左右及周围绘有神兽、羽兔、莲花、流云等。墓室顶部绘有天象图，其下四壁各有一栏，分为九格，每格之内各画一动物。墓道斜坡路面绘制了色彩艳丽的花草图案等，犹如地毯，彩画面积100余平方米。此陵墓虽经盗掘，墓内出土随葬品仍有2000多件，主要为各类陶俑，计有1500余件。

东魏、北齐时期（534～577年）都邺城，今河北磁县东南部有规模甚大的陵墓群，分布范围东西12公里、南北15公里。宋代以来人们误以为这里的百余座陵墓是曹操的"七十二疑冢"，实际上它们是东魏、北齐的皇陵及其陪葬墓，西南部似为东魏皇陵区，东北部有可能是北齐皇陵区。根据现有考古资料初步推测，前港村南俗称"天子冢"的，可能是东魏孝靖帝的陵墓；大冢营村西的大墓当是北齐神武帝高欢的陵墓。

八　隋唐帝陵

1　隋代帝陵

隋代是我国历史上的短暂王朝，历隋文帝和隋炀帝二帝。

隋文帝杨坚（541~604年），581年推翻北周，建立隋王朝，定都长安。在位24年，被太子杨广弑害于麟游仁寿宫，死后与其皇后独孤氏合葬于陕西省咸阳市杨陵区王上村附近，陵名"泰陵"。

泰陵平地起冢，封土呈覆斗形，顶部东西长48米、南北宽38米，底部东西长166米、南北宽160米、高27.4米。泰陵陵园东西长756米、南北宽652米，墙体夯筑。陵园四面正中各辟一门，陵园四角建有角楼。陵冢位于陵园中央偏南。

文帝祠庙遗址位于泰陵东南约500米处，西邻陵角村，东为陵东村，北靠三畤原。祠庙周筑城墙，东西长362米、南北长414米，四角筑有角楼，大门辟于南墙。遗址现尚有一通隋代所制祠庙碑，碑高2.9米、上宽1.04米、下宽1.1米，上厚0.33米、下厚

0.38米，螭首圭额，形制与乾陵无字碑相似。碑文漫漶不可识辨。

与文帝祠庙的位置相对，在泰陵西南约700米的西赵村有一古寺遗址，这里曾出土了为数不少的具有隋代造像风格的石刻观音像。古寺与祠庙遗址均在太陵之前，左右对称分布。

隋炀帝杨广（569～618年）在军事政变中被缢杀于扬州，葬于扬州吴公台下。唐武德元年，隋炀帝被迁葬于陕西武功，陵墓位于今武功西塬洛阳村东北，与泰陵隔河相望。

2 唐代帝陵

唐代是中国历史上继西汉王朝以后的又一个强大帝国。不仅如此，从世界范围来看，唐帝国也是当时世界上少数几个最强大、最先进的国家之一。唐王朝的文化曾播及亚洲各地及欧洲、非洲部分地区，尤其对东亚产生了极为深远的影响。礼制是唐代文化的重要组成部分。唐代陵寝制度上承秦汉，下启北宋，延及明清，在中国古代陵寝制度史上占有突出的重要地位。唐王朝从建国至灭亡，共有20位皇帝，前18位皇帝（从高祖李渊至僖宗李儇）均葬于关中的北山南麓，号称唐十八陵。唐代的两位末代皇帝昭宗和哀帝分别葬于河南洛阳与山东菏泽。

陕西关中的唐代18个皇帝陵墓分布在渭河以北的乾县、礼泉、泾阳、三原、富平和蒲城6县，由西向东依次为高宗李治和女皇武则天合葬的乾陵、僖宗李儇的靖陵、肃宗李亨的建陵、太宗李世民的昭陵、宣宗李忱的贞陵、德宗李适的崇陵、敬宗李湛的庄陵、武宗李炎的端陵、高祖李渊的献陵、懿宗李漼的简陵、代宗李豫的元陵、文帝李昂的章陵、中宗李显的定陵、顺宗李诵的丰陵、睿宗李旦的桥陵、宪宗李纯的景陵、穆宗李恒的光陵和玄宗李隆基的泰陵。

关中唐十八陵中除献陵、庄陵、端陵和靖陵是积土为冢外,其余均系依山为陵。积土为冢的4座帝陵分布在北山山脉以南的渭北高原上;依山为陵的14座帝陵分布在北山山脉之上。唐十八陵中西端的乾陵和东端的泰陵分别位于唐长安城(今西安)西北77公里和东北108公里,以唐长安城为基点,西北连乾陵,东北接泰陵,形成了一个102度的扇面形。"扇面"由南向北分成四阶,总的趋势是南低北高。第一阶,唐长安城,高程340~400米;第二阶,咸阳原西汉诸陵,高程450米左右;第三阶,渭北高原上积土为冢的献陵、庄陵、端陵和靖陵,前3者高程500米,后者高程800米;第四阶,北山山脉上的14座唐陵,高程750~1200米。唐陵背倚山原,面临泾、渭,俯瞰京畿,地势形胜,充分体现了唐朝最高统治者们的雄浑气魄(见图8)。

渭北唐陵陵区前后沿用近300年,范围之广达数百里。唐朝统治者不可能一开始就对整个陵区作出全面的规划安排,但是就每组帝陵而言,其具体位置的选定是经过反复研究的。如高祖李渊的献陵,位于三原

八 隋唐帝陵

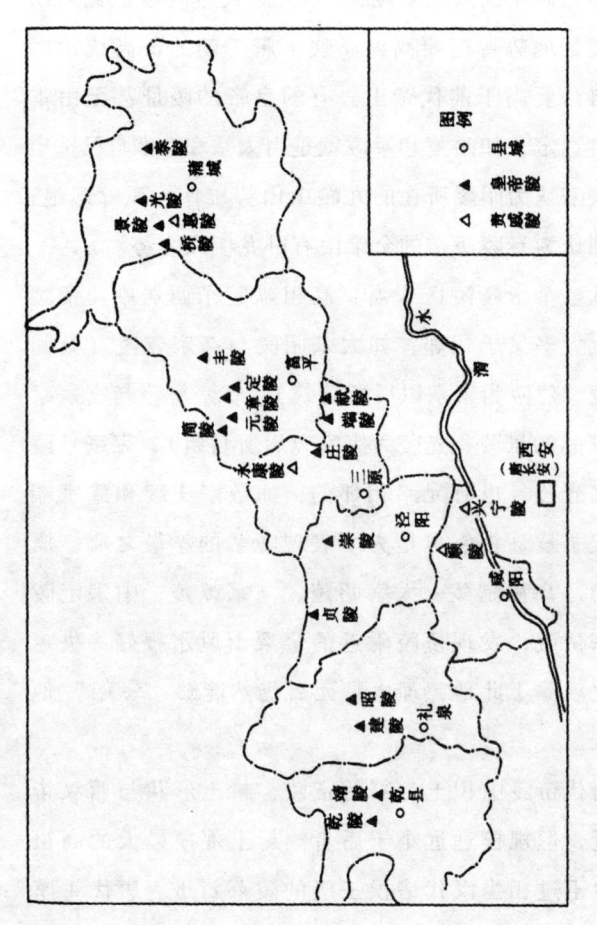

图 8 关中唐十八陵位置图

县城东20公里的徐木原上，献陵以东7.5公里有汉太上皇陵。李渊晚年当了太上皇，他想把自己的葬地选择在栎阳，因此献陵修建于汉太上皇陵西邻。献陵所在地高程高于汉太上皇陵50米。唐代帝陵陵区比西汉帝陵陵区地势普遍要高，反映了唐王朝的最高统治者认为自己要高于前代帝王。有的皇帝的陵址甚至由本人亲自选定，如昭陵和泰陵就是由太宗和玄宗自己选定的。太宗认为昭陵所在的九嵕山山势雄伟、孤耸迥绝；玄宗则认为泰陵所在的金粟山有卧龙栖凤之势。

从整个帝陵陵区来看，高祖献陵东西居中。帝陵分布上大多父子相邻，如太宗昭陵与高宗乾陵（其间的靖陵、建陵为肃宗以后所营筑）、睿宗桥陵与玄宗泰陵（其间的景陵、光陵为宪宗以后所营筑）、宪宗景陵与穆宗光陵。也有兄弟相邻的，如敬宗庄陵和武宗端陵。父子陵墓相邻也是为了表现晚辈的孝敬之心。唐玄宗朝拜高祖献陵、太宗昭陵、高宗乾陵、中宗定陵和睿宗桥陵，发现桥陵附近的金粟山风水很好，决定百年之后葬于此地，理由是死后仍然能够"孝敬"他的父亲。

唐代帝陵中积土为冢的帝陵，封土形状与西汉帝陵相近，但规模远远小于后者。封土规模最大的高祖献陵也不过相当汉代诸侯王级的陵墓封土。唐代4座平地起冢的帝陵，封土规模由早到晚越来越小，降及僖宗靖陵，封土底边长仅40米，其规模甚至不及西汉帝陵中的一般陪葬墓。

积土为冢的帝陵的墓室结构，现在还不太清楚，根据与帝陵埋葬规格相近、"号墓为陵"的武则天孙子懿德太子李重润墓和孙女李仙蕙（永泰公主）墓，可以大体看出当时这类陵墓的地宫布局。根据已发掘的南唐二陵来看，唐代帝陵的墓室应为前、中、后三室南北相连。石椁放在后墓室。石椁壁上线刻宫廷中的命妇像。懿德太子墓石椁东壁线刻头戴凤冠的命妇像，左边为顶部插六树花钿钗的四品命妇，右边为顶部插五树花钿钗的五品命妇。帝陵之内放置哀册，而不使用石墓志。哀册由多枚刻字玉片组成，字内填金。

14座依山为陵的唐陵，墓室开凿于各陵所在山峰南面的半山腰上，墓道长60～70米，宽3.5～4米。墓道中以排列整齐有序的青石条填封，石条间以铁拴板套接，熔铅灌缝，坚固异常。乾陵、桥陵、定陵、泰陵、建陵、崇陵和简陵等唐陵墓道均发现这类情况。推测墓室墓门为石门，多至数重。墓室应由前、中、后3室组成。墓室之内墓壁有精美浮雕，可能也有绚丽壁画。这类唐陵的墓室没有进行过考古发掘，有关情况又不见于记载，内部布局结构有待今后考古工作去揭示。

唐代帝陵四周围墙，形成陵园。唐陵陵园可分为两种类型。

积土为冢的唐陵，陵园平面近方形。唐代初期的高祖献陵陵园规模较大，边长710～781米；敬宗庄陵和僖宗靖陵二陵园规模相近，陵园边长480～490米；武宗端陵陵园边长540～593米。这类陵园四面中央各开一门，门道正对帝陵封土。

依山为陵的唐陵，陵园因山势走向而营建，因而平面不甚规整，但仍然是每面各开一门，南、东、西门道一般与陵墓地宫正方向相对，北门道与地宫方向不太正，多因山势地形而致。

陵园四角均筑角楼。陵墓一般在陵园中央偏北，陵墓以南至陵园南门间建有献殿。陵园的总方向为坐北朝南，陵墓选址也是北高南低，背山面原。陵园四门之外一般各有一对土阙，双阙与门之间安置石刻门兽，高祖献陵陵园门兽为石虎，乾陵以后诸陵陵园门兽为石狮。

陵园南门之外为南北向神道，神道东西两侧对称分布有石象生，唐陵神道石刻组合一般由南向北依次为华表1对、天马1对、鸵鸟1对、石马和牵马人5对、石人10对。不少唐陵的神道石刻中还发现了"蕃民"形象和服饰的石人。神道以南东西对称分列二土阙，它们象征陵园的第二道门。大多数唐陵在第二道门阙以南还有第三道门阙，这应是象征帝陵陵区的南大门。就大多数唐陵而言，陵园南门距第二道门阙600米以上；第二道门阙与第三道门阙一般相距2000米，少者1500米左右。

在第二道门西南和第三道门西北分别有"下宫"建筑群。唐陵陪葬墓主要分布在陵区之内的第二道门与第三道门之间。

从唐陵陵区的平面布局，不难看出它与唐长安城平面布局惊人相似。唐长安城分为郭城、皇城和宫城，都城坐北朝南，宫城、皇城和郭城三重城的三座南门

（南门的中门）南北一线、形成都城中轴线。唐陵三道门象征都城的郭城、皇城和宫城的正门。唐陵第一道门与第二道门之间的神道石刻，象征皇城中的百官衙署。第二道门与第三道门间的陵区陪葬墓应象征郭城之中的里坊之贵族宅邸。

唐陵石刻主要布置在神道两侧和陵园4门之外，以神道石刻数量和种类最多。每种石刻均为左右对称分列。神道石刻东、西列间距一般60米，个别25米，多者160米。陵园北门之外的东、西列石马间距一般30米，个别25米，多者70米。

唐陵石刻形制硕大，雕琢精湛，它既继承发展了汉魏陵墓的石雕艺术传统，又吸收了西域、中亚和南亚地区的艺术因素。石刻中的天马、鸵鸟和石狮等，集中反映了唐代中外文化交流的一个侧面。"蕃酋"或"蕃民"石像则反映了唐代各民族、各地区间政治、文化上的频繁交往。

从唐陵石刻的组合与雕刻艺术来看，唐代帝陵石刻的发展可分为三个时期。

①初唐期，包括高祖献陵和太宗昭陵石刻。这一时期帝陵石刻形制特大，如献陵的犀牛，身长340厘米、身高207厘米，体态庞大，作走动姿态。这时的帝陵石刻组合尚未形成定制，但对以后影响很大。乾陵以后诸唐陵陵园4门之外各置石狮一对，显然是源于献陵陵园4门之外各置一对石虎的形式。唐陵陵园北门外置石马3对，与昭陵陵园北司马门设"六骏"石刻也有一定关系。昭陵设置14蕃酋石像，开创了唐

陵石刻中置"蕃酋"或"蕃民"石像的先河。

②盛唐期，包括高宗乾陵、中宗定陵和睿宗桥陵石刻。这一时期不但继承了前期石刻形制大的特点，而且石刻种类和数量大为增加，石刻群的组合已基本形成制度，石雕艺术十分精湛。

③中、晚唐期，包括玄宗泰陵至僖宗靖陵的13座唐陵石刻。安史之乱结束了盛唐局面，唐王朝开始走下坡路，此期的帝陵石刻也变得卑小。盛唐时期的帝陵石狮一般高 2.7～3 米，而此期唐陵石狮高仅为 1.5～1.7 米。这时唐陵石刻组合形式上追求左右对称，如天马、石狮等按左右分雄雌、牡牝，石人以文武分左右。雕刻艺术上，线条粗简、有形而少神。

唐陵石刻是我国封建社会鼎盛时期的石雕艺术，堪称我国古代大型石雕艺术的瑰宝，它从不同角度反映了唐代的政治、经济和文化艺术的发展水平。

唐陵中的陪葬墓以初唐的献陵和昭陵最多，盛唐的乾陵、定陵和桥陵次之，而中、晚唐时期的泰陵以下诸陵陪葬墓甚少，或没有陪葬墓。陪葬墓位置，献陵多在陵北和东北，可能是受西汉帝陵陪葬墓制度的影响。从昭陵开始，陪葬墓一般在帝陵南部和东南部，这种变化有两种原因，一是受唐陵坐北朝南的布局所制约，二是受都城长安布局结构的影响。

唐陵陪葬墓封土的形状有覆斗形、圆锥形和山形。一般来看，覆斗形封土比圆锥形封土的墓主地位要高。山形冢墓主大多战功卓著。不但封土形状反映出死者身份，坟墓的高低也表示了死者的不同等级地位。唐代规定一品官陪葬帝陵时，其坟墓高一丈八尺；二品官以下，每低一品，其坟高减低二尺。当然这只限于一般文武大臣，建立丰功伟绩的功臣和特殊的皇亲国戚自然不在此列，如李勣墓高七丈（唐尺），长乐公主墓和阳城公主墓也高五丈（唐尺）。

在唐代帝陵中，我们选择积土为冢的高祖献陵、武宗端陵和依山为陵的太宗昭陵、高宗和武则天合葬墓乾陵作详细介绍。

高祖献陵 唐高祖李渊的陵墓。李渊（566～635年）是唐王朝的建立者，祖籍陇西成纪（今甘肃省秦安县），曾任太原留守。隋末农民起义时，李渊乘机起兵反隋，攻占长安，立隋炀帝之孙杨侑为皇帝。618年，李渊逼杨侑让位，自己当了皇帝，建立了我国历史上著名的大唐王朝。他在位9年，于626年传位李世民，自称太上皇。635年，李渊死于长安，葬献陵。献陵是唐十八陵中时代最早的帝陵，位于三原县东20公里的徐木乡永合村和富平县南庄南吕村一带。献陵以东7.5公里即汉太上皇陵，献陵筑于汉太上皇陵西邻，当与李渊晚年的太上皇地位有关，这是他"归志栎阳"的心愿。

唐太宗李世民为给他父亲修建陵墓，曾经颁布命令，要把献陵营建成与汉高祖长陵一样的规模，后来鉴于文武大臣们的反复规劝，才同意按照东汉光武帝原陵的规模去修筑，即封土高六丈（折今18.18米）。现存献陵封土规模证实了上述记载。献陵封土形如覆斗，高21米，底部东西长150米、南北宽120米，顶部东西长30米、南北宽10米。陵墓周围营筑陵园，陵园东西长467米，南北宽470米。帝陵在陵园中央略偏北。陵园四面墙垣正对陵墓各辟一门。陵园之内，陵墓之南有寝宫、献殿建筑。后寝宫移出陵园，放在陵西南五里，更名下宫，遗址面积约12000平方米。

在献陵陵园四门之外4.5米处，各置石虎一对，左右分列。石虎大小、形制相同，身躯浑圆，姿态凝重，虎头硕大，颈粗短，背平阔，四腿佇立，垂尾，腹下透雕。石虎通高1.8米、身长2.7米，四足与石座相连。

陵园南门外的神道东西两侧还分列石犀牛、石华表各一对。石犀牛距南门314.5米，犀牛独角——鼻角，瞋目，合口，身体庞大，通长3.4米、身高2.07米，通体遍施鳞纹，所谓"皮有珠甲"，作走动姿态。石华表在犀牛南70米，东西二华表间距39米。石华表通高7.23米，分上中下三部分，下为石座，石座四面有线雕花纹，座上浮雕首尾衔接的二螭龙，二龙中央有卯。环座中立柱，柱下有榫，置于龙身环座的卯中。柱身八棱面，每面最宽43厘米，各棱面均线刻植物花纹。柱身向上收杀，上部为八棱形盖，盖径大于柱径，盖上蹲踞一圆雕石狮，狮高90厘米。献陵石刻在唐代诸帝陵中是比较特殊的。

献陵陪葬墓集中分布于陵东北，文献记载献陵陪葬墓中有诸王16人、公主1人、功臣6人。现有陪葬墓52座，地面现存封土者26座，已发掘和墓前发现石碑者有李凤、李神通、李孝同、臧怀恪、樊兴等墓。陪葬墓区东西宽400米、南北长1500米。

武宗端陵 唐武宗李瀍（814～846年）的陵墓。李瀍又名李炎，唐穆宗之子，840年即帝位，846年去世。端陵位于三原县徐木原西边，献陵在其东4公里，庄陵于其西6公里。端陵积土为冢，封土高15米，底部东西长度58米、南北长度60米。陵墓居陵园中央。陵园东西长度540米、南北长度593米，四角有角楼遗址，四面中央各辟一门，正对陵墓。陵园四门之外34米各有一对阙址，左右分列。四对阙址间距不等，以南门外二阙距离最大，为106米。端陵神道以南左右分列乳台遗址，二者东西间距140米，其北距陵园南门248米。陵园4门外阙址内各有一对蹲狮，分列门外左右两侧，4门石狮左右间距不尽相同，其中南门二狮间距22米；西门二狮间距13.8米。神道石刻东西列间距66米，自南向北应为石柱、天马、鸵鸟各1对，再北有石马、石人各若干对。根据敬宗庄陵在陵园南门石狮与石人间分布有若干小石人的情况，推测端陵原来亦应列置小石人若干。小石人均为"蕃民"石像，通高约1.5米，头大多残损，身穿圆领窄袖袍，腰系环带，有铐，佩刀，鞶夹，足着靴。华表位于乳台阙址北65米，柱身截面为八棱面，各面均线刻蔓草花纹。华表顶为仰莲盆，其上置八棱面盘，盘内承托宝珠。天马身长2.85米、身宽2.8米。鸵鸟身高和长均1.77米，鸟首回顾，身躯肥大，尾部退化，腿短如鸭。石马置鞍鞯、披障泥。石人为左文右武，身高

2.84~2.95米、肩宽0.80~0.85米、侧厚0.46~0.66米。文献记载，武宗生前得宠的妃子王氏，死后陪葬在端陵陵区，但现在地面已无任何封土遗迹。

太宗昭陵 唐太宗李世民（597~649年）和文德皇后的合葬陵墓。李世民是李渊次子，曾策动其父起兵反隋，又统兵镇压窦建德、刘黑闼等农民武装力量，消灭薛仁杲、王世充等割据势力，逐步统一全国。626~649年在位，他所创建的"贞观之治"被誉为我国古代盛世之一。李世民死后葬于昭陵。昭陵位于礼泉县东北22.5公里的九嵕山上。这里山势突兀，东西为沟壑，山南孤耸迥绝，山北地势较平缓。

636年，唐太宗按照预作寿陵制度，选址九嵕山，开始营建昭陵，直至李世民去世，长达13年，陵墓建设工程才算完成。

昭陵由著名建筑师和画家阎立德、阎立本兄弟设计，开凿于九嵕山山峰之南，开创唐代皇帝依山为陵的先河。由于昭陵地宫选在九嵕山山峰之南，而此处地势又极为险要，为便于施工，从九嵕山山峰东南至西南修筑了400多米长的栈道。大诗人杜甫到昭陵，看到"悬绝百仞"之上的栈道，咏出了"陵寝盘空曲"的诗句。千千万万的修陵工匠，就是在这"空中道路"上奔波了4000多个日日夜夜，建成了"闲丽不异人间"的地下宫殿——昭陵地宫。

昭陵地宫规模很大，从墓门至墓室长75丈（230米），前后安装了5道石门，地宫中央为中寝，东西厢列置了石床，床上放置的石函中有铁匣，铁匣之内都是传世的珍贵图书及钟、王墨迹。由于入藏时间不久，加之封闭条件较好，温韬盗掘昭陵地宫时，发现这些书画墨色如新。其他金银珠玉贵重物品也是应有尽有。在地宫之旁的山上修建了殿堂，守陵人要像皇帝、皇后生前在宫中的生活一样，给他们定时祭祀供奉。后来，为了昭陵地宫的安全，把登临昭陵地宫和附近殿堂的悬崖之上的栈道全部拆除，九嵕山峰上的昭陵只能是可望而不可即了！

帝陵所在的陵园遗址东西15.45公里、南北12.65公里，面积113.15平方公里。

九嵕山北面地势平缓，进昭陵陵园北司马门，为昭陵祭坛遗址，平面长方形，南北86米、东西53米，南高北低。著名的昭陵十四蕃酋石像和"昭陵六骏"石刻就立在祭坛附近，这里至今还保存有部分蕃酋石像的石座及残石像。祭坛以南50米为北山门遗址，东西面阔12米、南北进深3米。山门有门道3个，中间的门道宽2米，两侧的各宽1.5米。山门内为庭院，其南为正殿。庭院正中为方亭，东西北三面为廊，东西廊各长20米、宽7米。

昭陵陵园南门在九嵕山南800米的皇城村，门外左右对称各置一阙，二阙东西间距90米，阙基夯筑，阙址底径20多米，残高约8米。门内为献殿。献殿平面呈方形，边长40米，殿内四壁壁画光彩夺目，建筑雄伟壮观。殿址出土的房顶鸱尾高1.5米、长1米、厚0.65米，重150公斤，由此可以想见献殿之高大！

九嵕山西南1150米的皇坪村分布有昭陵下宫建筑

群遗址，遗址东西237米，南北334米。下宫周围筑有高大围墙，南、北墙中央各辟一门。陵事活动安排在此举行。下宫建筑规模庞大，殿阁林立。据文献记载，唐德宗贞元十四年（798年）一次就在昭陵下宫重建房屋378间。

昭陵石刻是留给后人的珍贵历史文物，前面谈及的"十四蕃君长石像"和"昭陵六骏"可谓其卓越代表。这些石刻的文化渊源应与汉代霍去病墓上石刻以来的中国古代陵墓石刻有着直接的、密切的关系，同时它们也进一步接受了城外文化的影响。

据文献记载，唐高宗为了纪念、宣扬其父李世民的丰功伟绩，令雕刻艺术家根据被征服的各地蕃君形象，雕刻成石像，并刻上其官名。石像高大魁梧，深目高鼻，挎弓佩刀，头著武冠，身穿战服，精神抖擞，器宇轩昂。他们被安置在享殿之前，长年拱立。近年在昭陵北司马门内北廊遗址先后发现了十四蕃君长石像中的7个石像座，其上刻有蕃君长的名字，他们是：突厥都布可汗右卫大将军阿史那社尔、焉耆王龙突骑支、吐蕃赞甫、高昌王左武卫将军麴智通、薛延陀真珠毗伽可汗、于阗王伏阇信和婆罗门帝那优帝国王阿那顺。

636年唐太宗安葬了长孙皇后之后，怀旧之情使他追忆起当年战场上出生入死、功绩卓著的伟业。为了纪念这一切，他以与自己军事生涯息息相关的6匹战马为基本素材，命人雕刻成流芳千古的纪念碑式的艺术杰作——昭陵六骏。昭陵六骏原来陈列于九嵕山北司马门内东西两廊之中，东廊是特勒骠、青骓和什伐赤，西廊为飒露紫、拳毛䯄和白蹄乌。昭陵六骏是由唐代大画家阎立本绘制图样雕刻而成的。每个石马之上均刻有唐太宗撰文、大书法家欧阳询八分书写的赞语，刻于骏马马头之上，每匹骏马为四句赞语。昭陵六骏浮雕在 6 块石板之上，每块石板高 2.5 米、宽 3 米。六骏均为侧面高浮雕，马的姿态或立或动，刻工纯熟、精湛，刀法洗练、简洁，表现准确生动。昭陵六骏可谓我国古代雕刻艺术的珍品。昭陵六骏还是现实主义的杰作，六骏的名称、形象都是有事实根据的，六骏中的每"骏"都有一个动人的历史故事，因而它们又是一部建立唐王朝的生动历史连环画卷：李世民乘骏马"特勒骠"，统率精兵，转战山西，打败宋金刚。李世民的母舅窦建德，战乱割据，自称夏王，李世民骑着苍白杂色的骏马"青骓"，平定了这股分裂势力。"什伐赤"是李世民平定王世充时所骑的一匹赤色战马，它身中数箭，依然勇往直前。"飒露紫"是"昭陵六骏"中最精彩的一件，也是唯一一件既有战马又有猛将的作品。李世民骑"飒露紫"与王世充浴血战斗，战马中箭，丘行恭跳下马来，把自己的战马让给李世民，他为"飒露紫"拔箭，掩护主帅。"拳毛䯄"和"白蹄乌"则是李世民征战刘黑闼与薛仁杲时的御骑。

　　昭陵陵园中设置十四蕃君石像，北司马门置"六骏"，开创了唐陵陵园石象生中置"蕃酋"（或"蕃民"）石像和北神门外设置石马（3 对）的先例。

昭陵陪葬墓数量之多，居唐代帝陵之冠。目前已发现的昭陵陪葬墓有200多座。文献记载，昭陵陪葬墓中有皇妃7人、王11人、公主21人、宰相14人、三品以下文官35人、功臣大将军67人，此外还有一些附葬墓。从陪葬墓的分布位置来看，靠近昭陵地宫的山上陪葬墓的主人地位较高，如魏徵、新城公主、长乐公主、城阳公主等墓。这些墓或依山为冢，或冢呈覆斗形。墓园有阙。如魏徵葬于九嵕山西南的凤凰山上，依山为墓，墓前置阙，唐太宗还亲自为他撰、书墓碑碑文。九嵕山下的陪葬墓的位置，一般是根据死者安葬年代早晚分布，早者距山近，晚者离山远。山下陪葬墓现有102座，冢形可分山形和圆锥形两种，除李靖、李勣和文献记载的阿史那社尔、李思摩的墓冢为山形外，其余陪葬墓均为圆锥形。山形墓冢均有特殊意义，如初唐军事家李靖墓起冢如山峦起伏之状，象征阴山、碛石山。据文献记载，这是为了纪念他平定吐谷浑的丰功伟绩。又如声名显赫的李勣墓冢平面如倒"品"字形，由3个各高近20米的锥形封土组成墓冢，据记载它们分别象征着阴山、铁山、乌德鞬山。在李勣墓前，有唐高宗为他撰、书碑文的高大石碑，碑高5.65米，碑首六螭盘结，螭首下垂，碑座为1.2米高的巨型石龟。阿史那社尔墓起冢象征葱山，这应是唐王朝对他平定龟兹战争的纪念。值得一提的是，在昭陵陪葬墓中，除了阿史那社尔、李思摩之外，还有阿史那忠、契苾何力、执失思力等一大批少数民族将领，他们大多为多民族的唐帝国的统一和巩固立下了汗马功劳。

从已知墓主的墓冢来看，前期墓冢的高低大小是反映死者身份高低的一个重要方面，而后期陪葬墓冢逾制现象大量出现。

陪葬墓中有附葬，一般是一个家族埋在一起，如唐俭和唐嘉会二墓、李勣和李震二墓、豆卢宽和豆卢仁二墓等等。皇室嫡亲或皇帝妃嫔则葬在山上帝陵玄宫附近的南边或东南边。

陪葬墓的石刻既是昭陵石刻中的重要内容之一，又是反映陪葬墓主生前地位的一个方面。昭陵陪葬墓的封土形状和石刻组合关系密切。如覆斗形墓，墓前有石人1对（东西分列），其南面东列石羊3只、西列石虎3只，复南石柱1对（东西分列），再南石碑1通。山形冢冢前均有石刻，冢墓前有石人1对（东西分列），再南东列石羊3只、西列石虎3只，再南石碑1通。圆锥形冢冢前石刻一般为石羊、石虎和石柱。

唐代是我国书法艺术的黄金时代。唐王朝的最高统治者太宗李世民、高宗李治非常重视、爱好书法艺术。唐太宗十分崇拜王羲之、王献之的书法，他派人到各地搜寻"二王"的书法作品，对于"二王"墨迹时时观赏和临摹，生前爱不释手，死后还要把"二王"墨宝带走。唐高宗也很酷爱"二王"书法艺术，据传他曾仿效其父的做法，死后把"书圣"王羲之的手书带入地宫。唐太宗、唐高宗不但爱好、重视书法艺术，本人在书法上也有相当造诣。太宗和高宗都写得一手好字，他们曾书写了著名的《魏徵碑》、《李勣碑》。

唐代上流社会流行为死者制作碑志之风，而碑志又以名家书写为荣。因而昭陵陪葬墓众多的碑、志成为其重要特点之一，它们保存了初唐至盛唐绚丽多彩的书法真迹。据宋代文献著录，昭陵陪葬墓有石碑80通，现在昭陵博物馆收藏了40多通石碑和20余方墓志，其中欧阳询书《温彦博碑》，笔力刚劲，开朗而谨严；褚遂良书《房玄龄碑》，行笔丰满，秀逸柔婉；王知敬书《李靖碑》和《尉迟敬德碑》，文字秀雅，工整有力；王行满书《周护碑》，字体工整，笔力挺拔；殷仲容书《马周碑》，书体挺秀恭谨。昭陵出土的墓志大多保存完好，其中的尉迟敬德墓志石色晶莹，120厘米见方，厚25厘米，是昭陵陪葬墓已出土墓志中最大的一件。这合墓志雕刻细致、瑰丽，为初唐时期"减底"雕饰的精品，墓志盖上的"飞白书"是目前已知唐代墓志中绝无仅有的书法艺术。这批墓碑和墓志是唐太宗李世民统治集团中重要人物的历史记录，是研究唐代政治、经济和文化的重要史料。

昭陵陪葬墓中已清理发掘了李勣、张士贵、郑仁泰、阿史那忠、尉迟敬德、安元寿、越王李贞、临川公主、长乐公主等墓，出土了大量属于唐三彩前身的彩绘釉陶俑，以及色彩鲜艳、雍容华贵的三彩俑。这些陶俑造型逼真、栩栩如生，人物俑性格各异、形象生动；马俑和骆驼俑体健性悍，生气勃勃。发掘出土的内容丰富多彩、着色绚丽、布局谨严的大量壁画，是中国绘画史中极为珍贵的资料。

乾陵　高宗李治（628～683年）是唐太宗的第9

个儿子，其母为长孙皇后。得母舅长孙无忌帮助，他于650年即帝位，在位期间体弱多病，皇后武则天实际执揽朝廷大权。高宗死后葬于乾陵。武则天（624～705年）名曌，原籍并州天水（今山西省文水县），出生于四川广元。14岁入宫为太宗才人。太宗死后，入感业寺削发为尼，后被高宗李治接入宫中，封为昭仪，655年被立为皇后。690年，武则天废唐称帝，改国号为周，成为中国历史上唯一的女皇帝。705年，武则天病故于洛阳，次年与高宗合葬乾陵。乾陵是关中十八陵中最西边的一座帝陵，位于今乾县县城北4650米的梁山。梁山海拔1047米，西侧为南北向沟壑，漠河河道从沟中穿过；东麓和北麓较平缓，南面山势较陡。乾陵地宫就开凿于梁山南麓半坡之上。

根据考古勘查，乾陵地宫位于梁山南边，在山体上开凿出一条长条形坑道作为墓道。墓道南北长63.1米、宽3.9米，墓门处深17米。墓道以石条填砌，从墓道口至墓门共有39层石条。石条长1.25米，宽0.4～0.6米，多刻有文字，以千字文记位编号。平行石条间以铁拴板左右连接，上下层用铁棍穿插，用铁水灌注缝隙固定，使墓道内39层石条犹如一体。墓道两边石壁绘有壁画。据记载，五代时关中唐陵多被温韬盗掘，惟盗掘乾陵之时，因风雨大作、雷电交加，未能打开地宫就仓皇撤离。从考古勘察情况来看，乾陵地宫周周未发现盗洞，墓道结构仍为唐代原样，推测乾陵很可能是关中唯一未被盗掘的唐陵。

乾陵陵园平面约呈方形，东西1438～1450米，南北1450~1582米。梁山主峰基本位于陵园中央。陵园周围筑墙，四面墙正对梁山主峰处各辟一门，门址宽27米，东西南北4门分别称为青龙门（东华门）、白虎门（西华门）、朱雀门和玄武门，朱雀门是陵园正门。陵园4门之外25~31米处各筑双阙，分列门道两侧，间距38~43.5米。朱雀门外双阙北距门址25米，间距41.5米。阙址平面为长方形，东西26米，南北17.5米。陵园四角筑有角楼，其基址仍然保存。朱雀门内为献殿，殿址平面呈长方形。献殿与朱雀门之间东西两边筑有东西阁遗址。

乾陵是中国古代帝陵之中选址最具特色的一座。乾陵所在的梁山由三座山峰组成，主峰居北，即乾陵地宫所在的山峰。主峰以南1290~1550米又有二峰东西对峙，俗称"奶头山"，二峰东西间距380米，其上各筑一阙，阙址尚存，东阙址高19.3米，底部东西18米、南北8.5米。此二阙即文献上的"乳台"，亦即乾陵的第二道门。乳台北距陵园朱雀门650米。在乳台之旁原来建筑了画像祠堂，其中有狄仁杰等当时的60位名臣画像。

乳台以南2350米为乾陵最南边的门，即文献所称的鹊台。鹊台有东西二阙，间距100米。阙址尚存，底部平面为长方形，东阙址东西34米，南北25米，现存高10米。

在乳台和鹊台之间的西部，今严家咀村东、陵前村南、邀架宫村北有大面积建筑遗址，似为乾陵下宫遗址（见图9）。

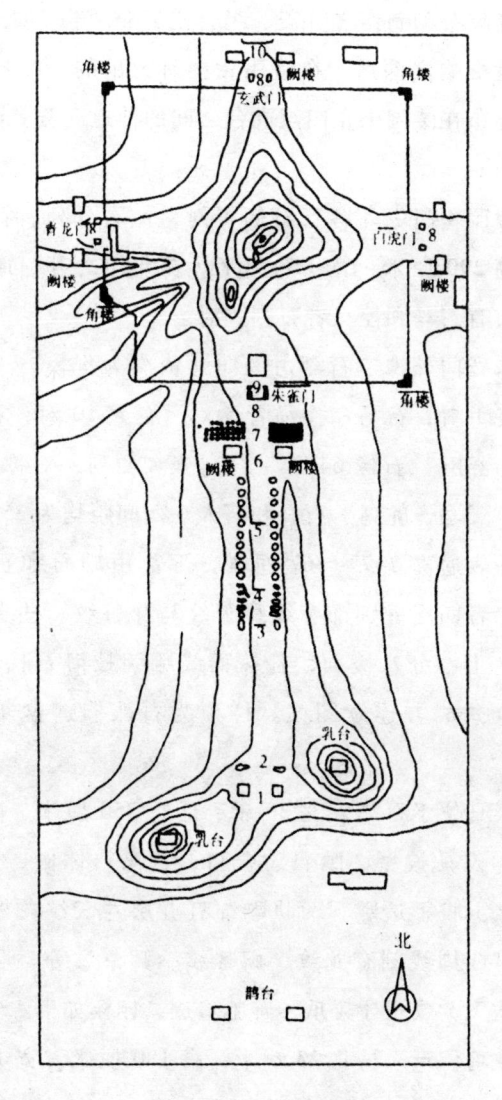

图 9　乾陵平面实测图

1. 华表 1 对；2. 天马 1 对；3. 鸵鸟 1 对；4. 石马 5 对；5. 石人 10 对；6. 石碑 1 对；7. "蕃臣"石像 64 尊；8. 石狮 1 对；9. 献殿遗址；10. 石马 3 对；

乾陵石刻制作之精美、组合之完整、保存之良好、对后世影响之深远，在诸唐陵中是突出的。乾陵石刻主要分布在陵园朱雀门至乳台之间的神道两侧及陵园4门外。

陵园4门之外各置石狮1对，左右分列。石狮一般通高290厘米、宽116厘米。在北门之外，还应对称分布有石马和控马者石刻3对。

朱雀门外神道石刻由南向北依次为华表、天马和鸵鸟各1对，石马和控马者5对，石人10对，石碑2通，"蕃臣"石像64尊。石刻分东西列，对称分布。华表、天马、鸵鸟、石马和石人东西间距均为25米。

华表通高747～767厘米，下部由础石和石座组成，二者四周分别饰有线雕云纹与祥兽纹。柱身置于石座之上，分八棱面，各棱面线雕缠枝海石榴花纹，为抱合式二方连续图案。柱顶为石雕仰莲盆所托的宝珠。

天马位于石华表北30米，通长350厘米、高345厘米。天马披鬃，瞑目、合口，背平、体圆、尾垂、腿直立。腹下透雕，两胁雕饰有五层卷云纹翼翅。天马石座四周线刻有龙纹、狮豸纹、狮象纹等。形象或龙腾欲飞，或张牙舞爪，奔驰追逐，栩栩如生。

鸵鸟位于天马北23.6米，高180厘米、宽140厘米。鸵鸟作侍立状，昂首挺颈，身高、腿长、颈直，浮雕于石屏之上。这是乾陵诸石刻中唯一一对高浮雕作品。

最南边的石马位于鸵鸟北18.5米，每对石马和控马者南北间距18.2米。石马通长280厘米、高190厘米。控马者均残，原高约为155厘米。石马头有衔镳，背置鞍鞯，披障泥，备马镫，身着鞁鞦。控马者均身穿圆领窄袖袍，脚著靴，系带，双手拱握。

石人最南边者位于石马北17.7米，每对石人南北间距18.5米。东西列石人形制相同。石人身高一般为386厘米，最高者465厘米，最低者310厘米。石人均头戴束发冠，身穿宽袖长袍，袖胡过膝，腰系带，脚著靴，双手拄剑。

石人北17.4米为无字碑和述圣纪碑。二碑东西间距61.6米，碑北21.6米为朱雀门外双阙。无字碑居东，通高746厘米，碑身高630厘米、宽180厘米、厚120厘米，碑座长237厘米、宽261厘米。碑身是用一整块巨石雕制而成的，重98.8吨。碑额浮雕8条螭首相交。碑身无字，故名无字碑。宋、金以后，此碑始有游人题字，现有题刻13条，其中1134年"大金皇弟都统经略郎君行记"系女真文字所刻，旁有汉字译文，是研究女真文字的珍贵资料。碑侧（东西面）线刻升龙纹，碑座四周线刻狮、马等祥兽纹。据说乾陵所立无字碑是因武则天以其功德高大而文字无法表达。述圣纪碑在神道西侧，通高691厘米，碑身高630厘米。碑身截面呈方形，边长186厘米，上下五段，连同庑顶和碑座共7段，所以又称"七节碑"。石碑重81.6吨。碑头为庑殿式顶盖，庑顶下西南角和东南角各有一浮雕蹲踞力士。碑文为武则天所撰，唐中宗李显楷书，内容是颂扬唐高宗李治的文治武功。碑正面

（南面）刻文，字画上"填以金屑"。碑座四面线雕獬豸等瑞兽纹样。

"蕃臣"像位于朱雀门外的东西两侧，南距南门双阙18米。"蕃臣像"建于神龙元年（705年），现存东列29人、西列32人，身高1.75～1.8米。根据平面分布，推断东列亦应32人，"蕃臣"像总计应为64人。东西列"蕃臣"像每边均为南北4行、东西8排，其范围东西15.44米、南北7.47米。"蕃臣"像中各个石人服饰和发型不尽相同，大多穿窄袖阔裾服装，也有个别的袖胡较长。有圆领、大翻领或斜叉领，腰束带，脚穿靴，双足并立，两手前拱。头发有卷发，也有披发。石人背后镌刻其国名、官职和姓名，如"木俱罕国主斯陁勒"、"于阗国尉迟陁"、"吐火罗王子羯达健"等。根据对"蕃臣"像背后所刻衔名的研究，发现这些蕃臣大多是唐王朝西北地区各少数民族的首领，其中还有相当一部分被任命为唐边疆地区的地方行政长官；同时他们又是唐中央朝廷统领宫廷警卫的十二卫大将军或将军。"蕃臣像"立于陵侧，表现出其侍卫宫阙的作用，象征着皇帝生前之仪卫，同时也反映了唐朝多民族统一国家的政治生活。

乾陵陵区周围40公里。在乾陵东南部的陵区之内还分布有17座陪葬墓，他们分别是章怀太子贤、懿德太子重润、泽王上金、许王素节、邠王守礼、义阳、新都、永泰、安兴4公主，特进王及善、刘审礼，中书令薛元超、豆卢钦望、杨再思、刘仁轨，右卫将军李谨行，左武将军高侃的墓葬。其中永泰公主、懿德太子、章怀太子、中书令薛元超和燕国公李瑾行5座陪葬墓已经考古发掘。5座陪葬墓虽然均被盗掘，但仍出土了4300件各种唐代文物，在墓壁发现了大面积的珍贵壁画，其中永泰公主、懿德太子和章怀太子3座陪葬墓的墓道两侧、墓室周边与顶部共约有200多幅壁画。

乾陵陪葬墓中以懿德太子墓最重要，这是因其"号墓为陵"的埋葬规格。懿德太子李重润是唐中宗长子。其墓平地起冢，封土形如覆斗，筑有陵园，南门外置二阙，神道两侧自北向南分布着石狮1对、石人2对、华表1对。懿德太子墓全长100.8米，由墓道、6个过洞、7个天井、8个小龛、前后甬道和前后墓室组成。石椁置于后室。墓道东西壁绘有阙楼、出行仪仗等壁画，后室顶部壁画为天象图。懿德太子墓的壁画是我国古代壁画的一次极为重要的发现，40多幅壁画着重表现了墓主人的显赫政治地位和宫中的奢华生活。巨幅《阙楼仪仗图》壁画，表现首都长安皇宫门前宏伟壮观、雕梁画栋的三出阙，及排列整齐、场面盛大的仪仗队伍。步队、骑队、车队依次前进，旌旗招展，画面人员多达196人，蔚为壮观。此外还有《侍女图》、《驯豹图》、《鹰犬畋猎图》，画面之上或侍女姿容端庄秀丽，或禽兽呼之欲出。墓内出土的大理石哀册楷书，阴刻，填金，实属珍贵文物。墓内还出土了千余件陶俑、木俑和三彩俑，其中有以贴金铠甲骑俑为前导、配有大量乐队的出行仪仗。懿德太子墓的发掘为我们了解、研究唐代帝陵地宫制度提供了一个可靠参照物。

　　章怀太子李贤是高宗李治和武则天的次子。作为一位学者，他以注释《后汉书》而享誉后世。然而作为政治家，他的一生则是悲剧性的。公元680年，因与其母政见不同，他被武则天贬为庶民，流放四川。684年，年仅31岁的李贤被武则天逼迫自杀。中宗李显复位后，他才被迁葬京畿，陪葬乾陵。

　　章怀太子墓为覆斗形封土。此墓由墓道、4个过洞、4个天井、6个便房、甬道、前室和后室组成，全长71米，宽3.3米，深7米。墓内的壁画面积400平方米，50多幅壁画保存较好。其中的《客使图》再现了外国友好使者来长安访问场面；长12米的《马球图》，画面上有20匹马，骑手身穿不同颜色的窄袖袍，足蹬黑色靴，头戴幞头，骑在马上，左手握缰，右手握偃月形球杖，激烈角逐，或纵马击球，或反身拦球。击球运动是从波斯传到中国的，唐代长安相当普及、活跃。当时城中"球场"多达几十个，大明宫及其附近"球场"最多。有的皇室成员在自己的宅院中也设置了球场。击球运动在长安普及的原因，除了中外文化交流的影响之外，还与皇帝及上层统治集团酷爱这项运动关系很大。唐朝皇帝不仅热爱击球运动，有些皇帝还是出色的马球手，甚至以"击球状元"自诩。巨幅《狩猎出行图》描绘皇家出猎队伍，前呼后拥、奔向猎场的景象，是一幕活生生的唐代帝王生活写照。《观鸟捕蝉图》描绘3个宫女在花园内观鸟、捕蝉的景象。章怀太子墓壁画生活气息浓，人物造型真实，神态生动，笔墨流畅，勾勒遒劲，色彩绚丽，达到很高的艺术水平。章怀太子墓石椁上的线刻仕女人物画，具有与壁画同样重要的艺术价值。墓中还出土了一批唐代个体最大、造型最宏伟的三彩俑，如1~1.5米高的三彩骆驼及牵驼俑、三彩马及牵马俑、三彩文官武士俑、三彩镇墓兽等。

永泰公主李仙蕙是唐中宗李显的女儿、高宗李治和武则天的孙女，死于701年，时年17岁。706年，中宗李显将李仙蕙和其夫武延基（武则天侄武承嗣之子，被武则天害死）迁葬于长安，陪葬乾陵。

永泰公主墓封土为覆斗形，底部边长56米，高14米。封土周围筑围墙，形成墓园，东西长220米、南北长275米。墓园南面辟门，门外置双阙，神道有石狮1对、石人2对、华表1对。永泰公主墓由斜坡墓道、6个天井、5个过洞、8个便房和前、后甬道与前、后墓室组成，全长87.5米，宽3.9米，深16.7米。永泰公主墓虽经盗掘，但仍出土了精美的三彩、陶俑、瓷器，及金、玉、鎏金饰品共1353件。壁画亦属永泰公主墓内最重要的发现。壁画内容丰富。墓道两壁由南向北为左青龙、右白虎，后续为肃穆的仪仗队，再后为男女各半的侍从人物。进入墓室，前室壁画以侍女为主，色彩鲜丽，技法娴熟，富有韵律。后室为星象图。永泰公主墓石椁上的线刻仕女人物可入我国古代线刻画中最优秀的代表作之列。墓志石侧的花叶卷草图案和"十二生肖"动物形象，细致繁丽，反映出唐代线刻画的卓越成就。

九 五代时期的帝陵

1 前蜀永陵

永陵是五代前蜀皇帝王建的陵墓，建于 918 年，位于四川省成都市西门外三洞桥西北。

王建（847~918 年）字光图，许州舞阳（今属河南）人，曾为唐朝将领。唐末藩镇割据，中原战乱，他随唐僖宗逃至四川，出任利州（今四川广元县）刺使。昭宗时被封为蜀王。907 年，唐王朝灭亡，王建称帝于成都，国号大蜀，史称前蜀。王建割据天府之国，社会安定，政策宽松，经济较为繁荣。国力的强盛，为前蜀开国皇帝王建陵墓的修建提供了物质条件。永陵规模较为可观，据文献记载，当年陵区殿堂建筑群庞大，陵墓前有高大的石象生。

永陵于 20 世纪 40 年代经考古发掘。此墓封土呈圆锥形，底部直径约 80 米，高 15 米。封土基部周围以石条砌筑，为汉唐陵墓封土所仅见。永陵墓室不是深埋于地下，而是在地表浅处，墓室主要埋在封土之内，封土底部周围砌石的做法实际上是为了墓室的安全。墓室南向，无墓道，以红砂石建筑，全长23.4米。14道双重石券拱构成前、中、后室。三室之间以木门相隔。前室相当于墓道，部分石券拱上的彩画仍然保存。中室为墓室主体，为皇帝棺椁存放之处。棺床为大理石砌筑的须弥座。棺床两侧列置十二力士的半身圆雕像。力士神志沉稳，作扶抬棺床之状。棺床东、西、南面浮雕24名乐伎，南面为舞蹈人像2人，东、西面为奏乐者22人。舞蹈者身材丰盈，姿态各异。奏乐者吹、拉、弹、奏俱全，各种乐器凡20种23件之多，可谓一支庞大的宫廷乐队。从乐器组合来看属于燕乐。乐伎四周及棺床北面雕饰龙、凤、云纹和花卉等图案。后室设置御床，王建石雕像置于其上。石像高96厘米，取坐姿，头戴折上巾，身着长袍，腰系玉带。石像浓眉深目，隆准高颧，薄唇大耳，与文献所载王建相貌相似。

永陵虽经早年盗掘，但墓内仍出土了不少重要文物，如玉大带、玉哀册、玉谥册、银钵、银盒、银猪等。

南唐二陵

五代南唐国包括今江苏、安徽、江西及福建的一部分，建都金陵（今南京）。南唐国皇帝李昇的钦陵和李璟的顺陵均在今江苏省南京市江陵县祖堂山南麓。祖堂山原名华岩山，据传佛教南宗祖师法融禅师曾在此修行，故改名祖堂山。钦陵、顺陵东西并列，相距

50米。二陵选址背依大山，面对云台山主峰。

钦陵 李昪（888~943年）字正伦，徐州（今属江苏）人，南唐国的建立者。李昪执政和在位期间（937~943年）为南唐创造了一个安定的政治局面，他采取了一系列有利于发展经济的措施，使南唐成为割据诸国中国力最强的一个。

钦陵合葬李昪及皇后宋氏，建于943年。封土为圆锥形，底部直径30米，高约5米。陵墓南向，墓道长19米。沿墓道入墓室。墓室全长21.48米，宽10.45米，高5.3米，分为前、中、后室，三室两侧有陈设随葬品的侧室各5个，共计13室。前、中、后室与侧室之间以拱形过道连通，使之形成一个整体建筑，犹如一座布局严谨、宏伟壮观的地下宫殿（见图10）。

墓室为砖石仿木结构。前室平面呈长方形，穹窿顶，长4.5米，宽3.85米，顶高4.3米，四壁正中各辟一拱门。中室平面近方形，长4.56米，宽4.45米，顶高5.3米，东、西、南壁正中各辟一拱形洞门。中室与后室之间由一长3米、宽1.9米的甬道连接。中室北壁两侧以青石为壁，其上各刻一武士浮雕像，武士全身披挂铠甲，手持宝剑，足踏祥云，雄姿威武，左右侍立，守卫后室。据浮雕武士像上残留的贴金敷彩痕迹，可以推断武士像当年金碧辉煌的形象。后室长6.03米，宽5.9米，南壁正中辟门，门扇以青石板制成，东、西壁各有3门。后室为穹窿顶，顶部绘有彩色的天象图，图上绘有东升的旭日，西落的明月，南斗、北斗与上百颗大小星宿。地面铺石板，上刻象

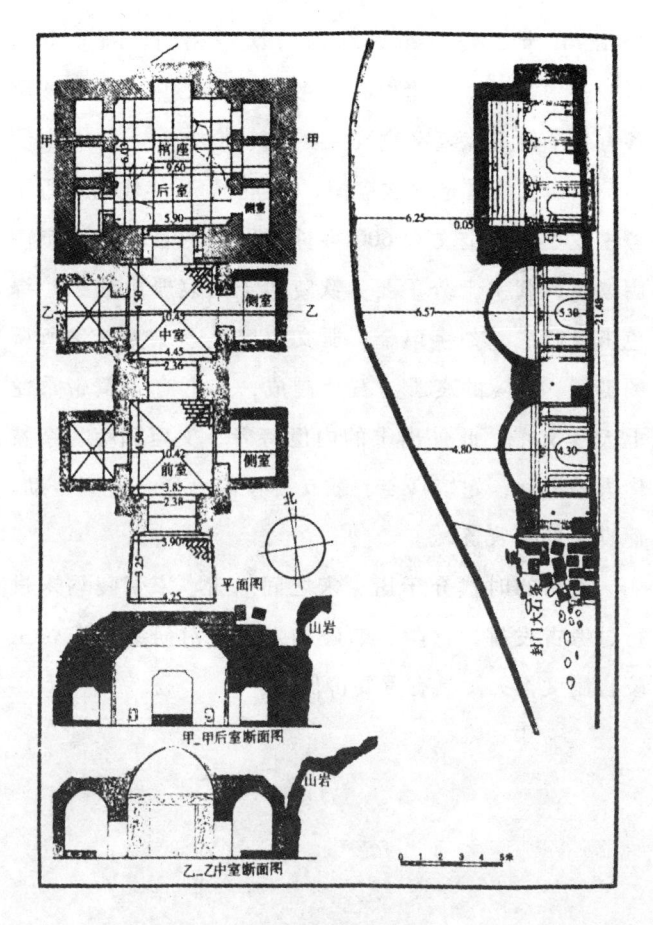

图 10 钦陵平面图

征山岳起伏、江河行地的地理图。后室中央置棺床，棺床由6块青石板砌成，长3.8米，宽2米，厚0.5米。棺床正中有长方形小井，称金井。棺床两侧浮雕舞龙8条，其间填以线刻的卷草和缠枝海石榴花纹。

顺陵 李璟及钟皇后的合葬陵墓。李璟执政时，南唐已衰败，故其陵墓较钦陵卑小、简朴。顺陵建于公元961年，陵墓布局结构与钦陵相同。顺陵全长21.9米，宽10.12米，高5.42米。前、中、后室两侧各有4个侧室。墓室建筑主要为砖结构。

南唐二陵曾遭多次盗掘，20世纪50年代初进行了考古发掘，出土文物600多件，出土的哀册对确定南唐二陵的墓主十分重要。钦陵出土的哀册由数十片绿色玉片制成，刻字填金。册文内容是李璟为其父所撰的赞词。顺陵的哀册为石片制成，其上有"黄帝乘龙上天"文字。此外出土的内臣侍者、文臣武吏、杂技伶人等男俑，妃嫔宫妾、歌女舞伎等女俑，造型生动、逼真，形神兼备。

南唐的时代介于唐、宋之间。唐、宋帝陵均未进行过考古发掘，钦陵、顺陵的发掘，对研究唐宋帝王陵寝制度，无疑具有重要价值。

十　宋代帝陵

巩义宋陵概况

北宋（960～1127年）建都河南开封，皇家陵园选址于首都西部的嵩山之北、洛河以南之地。皇家陵园以今巩义市芝田镇为中心，东西宽10公里，南北长15公里。北宋帝陵陵区选址于此，一是宋太祖赵匡胤曾计划迁都洛阳，而此地西邻洛阳；二是此地地形环境原因。宋陵陵址位于岗阜平原相交之处，根据当时风水堪舆要求，恰好满足了北宋帝陵由鹊台至陵台逐渐斜降的要求。北宋王朝前后有9位皇帝，除徽宗赵佶和钦宗赵桓被金兵所擒、死于漠北之外，其余7位皇帝，即太祖赵匡胤、太宗赵光义、真宗赵恒、仁宗赵祯、英宗赵曙、神宗赵顼和哲宗赵煦均葬于巩义市宋陵陵区。太祖赵匡胤之父赵弘殷被追尊为宣祖，亦葬于此陵区之中。此外，巩义市宋陵陵区还有北宋的21位（或22位）皇后和百余名皇亲国戚、达官显贵的墓葬。这些帝陵及其附葬、陪葬墓按分布方位可分成南、中、北、西4个区。南区位于西村乡北的常封村和洺沱村之间，在锦屏山、白云山、黑砚山之下，东邻青龙山、凤凰山、石人山。南区有3座帝陵，由东南向西北依次排列的有宣祖赵弘殷永安陵、太祖赵匡胤永昌陵和太宗赵光义永熙陵，附葬皇后陵10座、宗室子孙墓140多座。中区在南区以北，位于蔡庄北的高岗之上，有一座帝陵——真宗赵恒永定陵，附葬后妃3人。北区位于巩义市区西南，有东西排列的两座帝陵，它们是仁宗赵祯永昭陵和英宗赵曙永厚陵。西区东邻南区，位于八陵村南，神宗赵顼永裕陵和哲宗赵煦永泰陵东西并列于此。就整个巩义市宋陵陵区的分布而言，南、中、北区的时代是按先后安排的。就每个陵区内的帝陵而言，是长辈居东，晚辈位西（见图11）。

巩义市宋陵陵区中的所有皇帝、皇后陵墓均南与嵩山少室峰相对。嵩山号称"五岳"之"中岳"，有三峰，东为太室山，中为峻极山，西为少室山。少室山的主峰为玉寨山，这里也是嵩山的最高峰。"五岳"被封建社会统治者们视为群神所居。北宋帝、后之陵与中岳相对，或可认为他们的地宫与居住在少室山的神明相通。

宋陵的帝、后陵墓一反中国古代传统居高临下的地势，与它们朝向少室山的神明有关，因此形成南高北低的地势。

北宋帝陵基本沿袭了唐陵制度。

北宋帝陵均为积土为冢，没有依山为陵的。帝陵封土为覆斗形，一般底边边长55~58米，高17米左

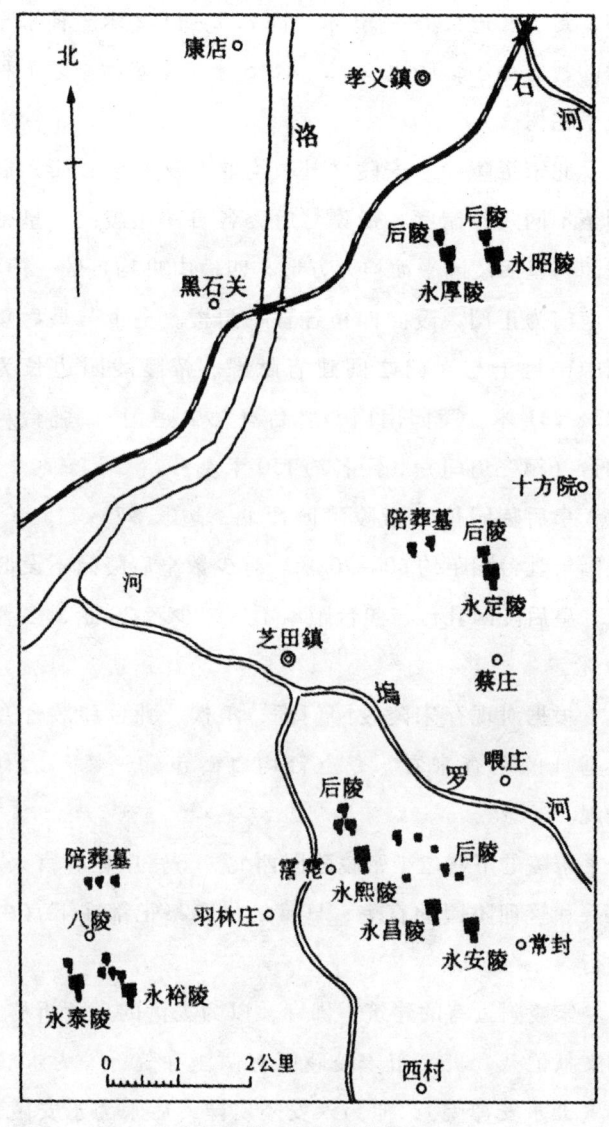

图 11 宋陵分布图

右。永安陵封土规模小，底边长 22.5 米，高 6.4 米。皇后陵的封土亦为覆斗形，其规模比帝陵封土要小得多，封土底边长 19~30 米，高 8.5~11.2 米。神宗皇后的封土最小，底边长 12~16.5 米。宋陵封土之上种植了柏树。

北宋帝陵除永安陵之外，均取西汉帝陵"帝、后同茔不同穴"制度，帝陵与后陵各自一座陵园。皇帝陵园与皇后陵园平面均为方形，四面中央均各辟一门，以南门为正门，陵园四角各置一角楼。皇帝与皇后陵园中，封土与南门之间建有献殿。帝陵陵园边长为 227~231 米，陵园南门与乳台（第二道门）、乳台与鹊台（第三道门）相距各约 150 米左右。

皇后陵园位于帝陵陵园西北，边长 97~115 米，陵园与乳台相距约 60~70 米。有少数皇后陵园不设鹊台。皇后陵园乳台与鹊台距离不等，少者 20 米，多者 80 米。

根据对现存宋陵陵园门阙、角楼、乳台和鹊台夯土基址的调查来看，夯土台均以砖包砌，其上建有楼观。

宋陵的下宫位于帝陵陵园西北。下宫中住有宫人、卫兵和管理陵园的官吏，日常的供奉祭祀都在下宫中进行。

宋陵附近有的建筑了佛寺，以为去世的皇帝祈祷。据文献记载，巩义市宋陵陵区有两座寺院：一为永安寺（即永安禅院），原为永安陵所建，后来为永安陵、永昌陵和永熙陵共用；二为永定禅院，原为永定陵所建，后来为永定陵、永昭陵和永厚陵共用。帝陵附近建寺院，隋文帝太陵已存在，宋陵应是继承前代遗制。

宋陵石刻主要分布在陵园南门与乳台之间的神道东西两侧。帝陵神道石刻由南向北依次是华表1对、象及驯象人各1对、瑞禽1对、角端1对、石马2对与控马官4对、虎2对、羊2对、客使3对、武臣2对、文臣2对、门狮1对、镇陵将军1对。此外，陵园东、西、北神门外各有石狮1对，南门内和陵台南侧各有宫人1对。各帝陵石刻的内容和数量均相同，但石刻大小、造型、花纹、雕技各有不同。皇后陵陵园四门外各置石狮1对，陵园南门之内有宫人1对，南门外神道石刻由南向北依次有华表1对，石马与控马官各1对，石虎、石羊各2对，文臣、武士各1对。下宫南门外置石狮1对。在每座皇帝陵园与皇后陵园四方、地表以下1米左右，按死者生、死年、月、日和年龄，将十二属相分置四方，埋在地下。如永裕陵的向皇后陵园四周，发现石鼠、牛、羊各1件；在永泰陵的刘皇后陵园发现石兔1件。巩义市宋陵中的帝陵和后陵地面现存石刻558件，若包括陪葬墓的地面石刻，不少于1000件。就其艺术发展来看，可分为早、中、晚期。早期包括永安陵、永昌陵、永熙陵和永定陵的石雕，它继承了唐代帝陵石刻雄伟壮观、形神兼备的特色；中期包括永昭陵和永厚陵的石刻，更加追求线条上的细腻和轮廓上的清秀；晚期包括永裕陵和永泰陵石刻，其人物刻像胖瘦得体、俊美秀雅、飘逸潇洒。

宋陵石刻的石料采自宋陵以西25公里的偃师市青萝山前的南横岭南麓。在山崖上还镌刻着与宋陵采石有关的题记多处。从宋陵采石场发现的《永泰陵采石记》碑可知,仅哲宗陵石刻制作,投入采石工匠就达万人。

巩义市宋陵统称"七帝八陵",还附葬皇后陵21座,另外还有高怀德、赵普、曹彬、蔡齐、寇准、包拯等大臣墓。《文献通考》记载:陪葬宋陵的宗室亲王、公主、皇子、皇孙、诸王夫人墓144座。现考古调查发现巩义市宋陵陵区中有墓志的宗室亲王及子孙墓93座。从墓志铭文可知,墓主人大部分属于太祖之子德昭、德芳直系亲属和其他帝系亲王、公主、子孙等。

宋陵陪葬墓中的元德李后陵、魏王赵弼墓和燕王赵颢墓进行了考古发掘。

元德李后陵是宋太宗赵光义永熙陵的3座附葬后陵之一,因元德李后之子赵恒为宋真宗,"母以子贵",元德李后陵也就成了距永熙陵最近的附葬后陵。李后陵的发掘对我们认识宋陵中的皇后陵墓,乃至帝陵形制都有重要意义。李后陵陵台为覆斗形,底部东西19米、南北20米,残高8.5米。陵墓墓口东西22.5米、南北25米。陵台周筑围墙形成陵园,其平面呈方形,边长110米。陵园四隅有角楼,角楼基址一般南北长12.4米、东西宽5.6米。陵园四面中央各辟一门,门侧置双阙,门阙之外12~15米列石狮1对。南门之内列置石刻宫人2尊。

南门至乳台、乳台至鹊台间距各70米。鹊台南距永熙陵陵园约210米。陵园南门与乳台间为神道,神道南北长70米,东西宽38米,两边对称列置石刻,由南向北依次为华表2件,控马官4人与石马2匹,虎、羊各4只,武臣、文臣各1对。

　　元德李后陵地宫由墓道、甬道和墓室组成。墓道在墓室南部,南北长34米,宽2.5～3.8米,为斜坡墓道。甬道长9米,宽4.3米,高6米,砖券拱形顶。墓门位于甬道中部略偏南,券门,青石门楣上线刻飞天,二石门扉各长3.96米,宽1.65米,厚0.29～0.34米。门扉正面线刻武士画像,背面雕刻出仿木结构的门撑装饰。墓室南与甬道相接,为多边形砖砌单室,平面近圆形,径约7.95米,穹窿顶高12.26米。墓室北部放置的石棺床,南北长4.7米,东西宽7.9米。棺床南面作须弥座式,装饰有剔地和线刻花卉(见图12)。

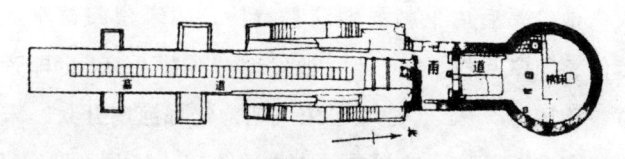

图12　李后陵墓室平面图

　　环绕墓室内壁砌有砖雕装饰。砖雕内容,北部壁面为假门和假窗,西部壁面有砖砌的桌、椅和灯檠,东部壁面为衣架、盒架和梳妆台。墓壁周围还砌有砖雕的角柱、斗栱、昂、耍头、枋、椽、望板、檐瓦等,耍头锋面还刻有人首、人身、两手合掌、鸟腹、鸟爪、背上有翅的迦陵频伽图像。墓室之内还绘有楼阁建筑图,墓室顶部绘有象征星辰、银河的天象图壁画。

元德李后陵曾遭严重盗掘，出土随葬品少而残，主要有玉、瓷、石、铜、铁和木器等，计181件，其中以玉册最为重要。玉册为玉质，呈长条状，表面磨光。册文为阴刻楷书，字填金粉。根据玉册文字字体和内容之不同，分为谥册和哀册。陵内出土的带"官"字的定窑瓷器和越窑龙纹大盘，颇为难得。

太祖赵匡胤永昌陵

"秦皇汉武、唐宗宋祖"，这是中国古代历史上的4位著名皇帝。"宋祖"即宋太祖赵匡胤，宋朝的开国君主。

赵匡胤（927～976年），涿州（今河北省涿县）人。他曾是后周王朝的殿前都点检，领宋州归德军节度使，执掌兵权。960年，他发动"陈桥兵变"，即帝位，称国号"宋"，建立了宋王朝，定都河南开封。宋太祖死于976年，葬于巩义市宋陵陵区，陵名永昌。

永昌陵位于坞罗河南侧霈霍村东南、西村北，东邻其父赵弘殷宣祖永安陵，西靠其弟赵光义太宗永熙陵。

在巩义市宋陵中，永昌陵是地面遗迹保存较好的一座宋陵。永昌陵陵台底边长48～55米，高14.8米。陵园东西231.6米、南北235米，四面中央各辟一门，门址宽约18米，四门外各置石狮1对。陵园南门与乳台相距142.5米，乳台与鹊台相距155米。二乳台东西间距50米，二鹊台东西间距54米。陵园南门与乳台间为神道，神道东西间距45米，对称列置各种石象生，由南向北依次排列有华表、石象及驯象人、瑞禽、角端各1对，石马及控马官、石虎、石羊各2对，"蕃使"3对，文、武臣4对。陵园四门外有石狮，南门石狮北有武士，南门内陵台前有宫人。

华表高5.8米，宽1米，下为方形基座，上置莲花形柱础。柱身为八棱形，由下向上逐渐收杀，柱顶为仰覆莲间以宝珠上加合瓣莲花结顶。柱身棱面雕刻为减地与单线阴刻两种，画面内容有云龙纹、长颈宝瓶和卷草花卉等。在巩义市宋陵的华表中，永昌陵华表雕刻最佳，构图精美，线条流畅。

石象长2.55米、宽1.1米、高2.15米，驯象人高2.23米、宽0.79米、厚0.56米。石象身躯庞大，造型雄壮，身披华丽的锦绣，背置莲花座，象鼻托地，面饰辔勒。象取立姿，腹下镂空。驯象人头戴包头巾，身著袍服，腰束方块玉带饰物，双手拱于胸前，执驯象物。

瑞禽高2.2米、长1.73米、宽0.63米。整体似圭形，浮雕层叠山峰，两侧和顶端未雕出山峰纹。西列瑞禽石雕中浮雕出一只马首、龙身、鹰爪、凤翅、雀尾的怪禽。东列瑞禽是巩义市宋陵现存14件瑞禽中唯一的一件刻羊首的（其余均为马首）。

角端高2米、长2米、宽0.8米。角端是人们想象中的一种动物，它象征着吉祥、嘉瑞。其形象为独角，前唇特长，或卷或伸，四足如狮，两胁雕有双翼。

石马高2.1米、长1.8米、宽0.74米。控马官高

2.7米，胸宽0.7米、厚0.5米。石马身上雕饰出鞍、鞯、镫、缰、鞨、铃等马饰。控马官头戴幞巾，身著长袍，手执杖或缰。

石虎高1.7米、长1.3米、宽0.55米。身躯庞大，雕刻细致，造型逼真。

石羊高1.6米、长1.2米、宽0.5米。造型浑实，通体素面。

"蕃使"高约3米，胸宽0.85米、厚0.68米。从石人的服饰与容貌来看，均与汉人不同。蕃使为"国"字形脸，头戴幞头高冠，深目高鼻，鬓髯浓密，身着紧袖短袍，腰束革带，足穿毡靴，双手捧盘，盘中置函。

文、武臣高约4米，肩宽0.85米、厚0.6米。宋代文官以宰相为首，武官以枢密使为首，上朝排列次序文官在武官之上，因而陵墓石刻中文臣像居北，武臣像位南。石像中的文、武臣服饰相同，其区别仅在文臣执笏板，武臣挂长剑。文武臣头戴三梁或五梁冠，身穿长袍，腰系方块玉带。

陵园四门外各有一对石狮。石狮左牡右牝，牡狮卷鬣，牝狮披鬣。南门外二狮为行狮，立姿，相顾对视，高1.9米、长3.08米、宽0.82米。东、西、北门石狮皆蹲踞昂首，高1.58～2.05米，长1.7米，宽0.7～0.9米。

镇门武士1对，位于陵园南门之外、石狮之北，高约4米，肩宽1.1米、厚0.7米。武士像高大、勇猛，头戴盔，身著甲，手执兵器。

宫人2对，分别位于南门内、陵台前。宫人高约3米，肩宽0.57米、厚0.4米，戴幞头，穿窄袖长袍，面部清秀，似为宫女。

3 仁宗赵祯永昭陵

永昭陵是宋仁宗赵祯的陵墓。赵祯（1010～1063年）是宋真宗赵恒之子，1022～1063年在位。他是北宋一代执政时间最长的一位皇帝，其间社会比较稳定，经济与文化发展较为繁荣。

永昭陵区西邻永厚陵，东至石子河，南自和义沟，北到洛河。永昭陵区包括帝陵、曹皇后陵和下宫遗址，占地约二顷。

帝陵陵台覆斗形，底部边长58米，高17.5米，顶部边长12～13米。陵台四周有宽约6米的朱砂底基础，应是陵台第一层，边长63～64米。陵台南部正中有南北向斜坡墓道，水平长127米，墓道入口已伸出陵园南门以外40米。墓道北宽南窄，接近地宫处深约28米。

陵台周围筑墙，形成陵园。陵园平面呈方形，边长239米，四隅筑有角楼，四面中央各辟一门，南门最宽（18米），北门最窄（12.5米），东、西门各宽15～16米。

陵园南门至乳台的距离为133米。其间神道东西对称分布有石刻，由南向北依次有华表、象、驯象人、瑞禽、角端各1对，仗马2对，控马官4对，石虎、石羊各2对，客使3对，文臣、武臣各2对，石狮1对，镇门武士1对，上马石1对，南门以内至陵台间宫人2对。陵园东、西、北门外各有石狮1对。

乳台至鹊台的距离为134米。鹊台、乳台与神道左右列石刻相距均为41米。

曹皇后陵园在永昭陵园西北角以北19米，陵园建筑布局与帝陵相同，仅规模较小。神道石刻规模小，数量亦少。

陵台覆斗形，底部边长28米、高13.8米。墓道在陵台南部正中，长111米，宽6～34.5米，近地宫处墓道深约15米。陵园边长123～126米，四面各辟一门，南门宽17米，北门宽8米，东、西门各宽约13米。陵园四隅筑角楼。陵园南门至乳台的距离为54米，乳台至鹊台为27米。二乳台、二鹊台东西间距30.5～31米。下宫位于陵园北门外100米，东西宽130米，南北长163米。

十一 西夏王陵

西夏是宋代我国西北地区少数民族之一的党项羌族所建立的地方割据政权。本名大夏，宋人称西夏，辖地包括今宁夏、陕北、甘肃西北部、青海东北部和内蒙古西部。建都兴庆府，即今宁夏银川。西夏统治者为党项属族拓跋氏后裔，他们历任唐、宋时代边镇将领，因此西夏各种典章制度多仿宋制。西夏政权自1038年赵元昊称帝、建立夏国始，至1227年为蒙古所灭，共190年，先后历10代皇帝，加上景宗李元昊祖父李继迁、父亲李德明被追谥为太祖、太宗，西夏皇帝共有12代。历史文献记载的西夏帝陵有9座，分别是太祖李继迁裕陵、太宗李德明嘉陵、景宗李元昊泰陵、毅宗李谅祚安陵、惠宗李秉常献陵、崇宗李乾顺显陵、仁宗李仁孝寿陵、桓宗李纯祐庄陵和襄宗李安全康陵。西夏王陵位于宁夏银川市西约25公里处贺兰山东麓的洪积扇上，东西4公里、南北11公里，地势西高东低，海拔1140～1190米。陵区之内除9座王陵之外，还有193座陪葬墓。陵区由南向北分为4组。第一组包括2座王陵，位于西夏陵区最南部，是陵区9

座帝陵中规模最大的两座,从整个陵区布局来看,二陵当居首位,可能为太祖李继迁裕陵和太宗李德明嘉陵。两座陵园南北相距30米。第二组在第一组北3.5公里处,也包括2座王陵。二陵东西间距2公里,东侧帝陵位居西夏陵区中心,陵园规模庞大,当为景宗李元昊泰陵,其西侧为毅宗李谅祚安陵。第三组在第二组北2公里处,包括两个王陵,东西距离1公里,东侧为惠宗李秉常献陵,西侧为崇宗李乾顺显陵。第四组在陵区最北部,南距第三组2公里,包括3座王陵,彼此相距甚近。3座帝陵平面为倒"品"字形,南部帝陵系仁宗李仁孝寿陵,北部二帝陵东侧为桓宗李纯祐庄陵,西侧为襄宗李安全康陵。陪葬墓一般在各陵地势较低的东部。在西夏陵区北端,有西夏祖庙建筑遗址。其面积约6万平方米,平面为长方形,周筑围墙,形成庙院。墙南部和西部各开一门,西门之外筑有瓮城。庙院内建筑分为3部分:南部为东西对称的2个四合院;中部为3个四合院,平面为"品"字形;北部为殿堂,是庙院的主体建筑(见图13)。

西夏9座帝陵布局结构大体相近,其方向均为坐北朝南。

帝陵陵台平面为八角形,外形如"金字塔",高约20米,上下分为5层、7层或9层。每层出檐,上覆瓦陇,至今陵台附近尚存大量绿色琉璃瓦残片。陵台涂以赭红色,整个陵台原貌犹如一座红绿相映的宝塔。陵台南部为用于祭祀的献殿,陵台、献殿之外周围筑墙,形成内城。内城平面为方形或长方形,四隅各置

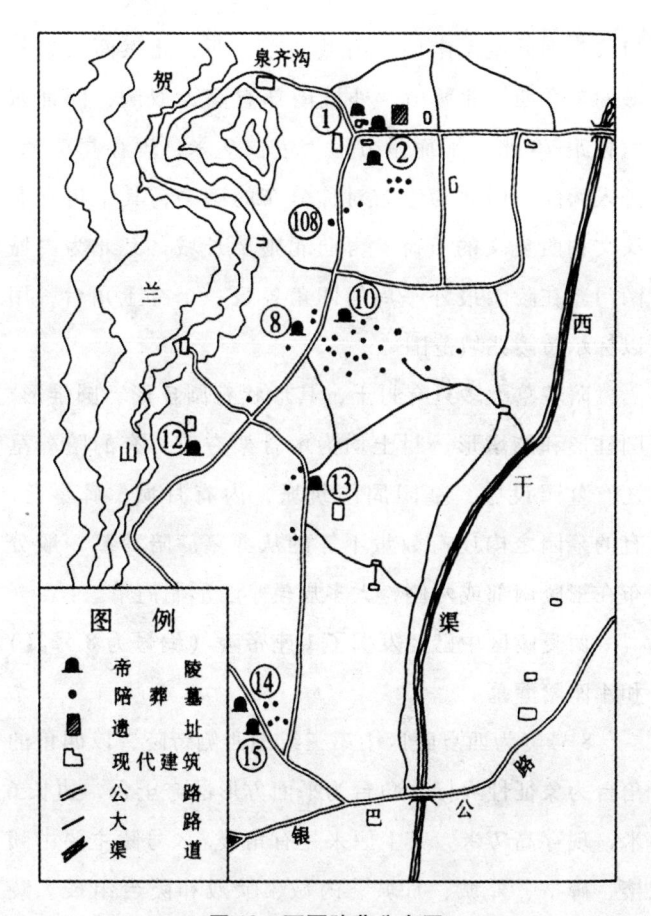

图 13　西夏陵墓分布图

1. 襄宗李安全康陵；2. 仁宗李仁孝寿陵；8. 崇宗李乾顺显陵；10. 惠宗李秉常献陵；12. 毅宗李谅祚安陵；13. 景宗李元昊泰陵；14. 太宗李德明嘉陵；15. 太祖李继迁裕陵；108. 梁国公梁乞逋之墓

一座角楼，四面墙的中央各辟一门。陵台在内城西北部，献殿在内城南门内偏西处。内城南部为月城，其中列置石象生。在内城和月城之外再筑一重城垣，形成外城。外城形制有两种：一种为封闭式；一种为开口式，即外城无南墙。内城的东、西、北三面紧邻外城的东、西、北城垣。外城南部有高大双阙，阙址东西相距70米，平面呈方形，边长9米，现存高7米。进入阙门，向北为左右对称分布的碑亭，其中树立有汉文和西夏文的石碑。再向北则至月城，又北为内城南门。在陵园最外一周的四角各筑一个夯土角台，用以标示帝陵兆域范围。

陪葬墓大多只有封土，其形状有圆丘形、圆锥形、圆柱形和圆墩形，封土均为木骨架夯筑。有的陪葬墓还有墓园设施，墓园周围筑城，内有月城、碑亭等。有的墓园之内还有数量不等的从葬墓。陪葬墓一般分布在王陵南部或两侧，大多规模小、形制简单。

西夏陵区中已经发掘了1座帝陵（编号为8号陵）和4座陪葬墓。

8号陵为西夏陵区中第三组的西侧帝陵，以四角的角台为象征性界标。角台为平面方形的夯土台，边长6米，现存高7米，其上原来建有角楼。8号陵主要由阙楼、碑亭、外城、月城、内城、献殿和陵台组成。陵寝建筑群坐北朝南，由南向北以穿过内城北门、南门和月城南门的南北线为陵寝建筑群中轴线，建筑布局对称。

双阙位于8号陵最南端，东西相距65米。阙址平面为方形，基部边长9米，现存高7.1米。阙址上原建筑有"阙楼"。

碑亭2座位于双阙以北，东西对称分布。碑亭基座之上建筑有"亭"，亭内立有汉文和西夏文石碑。碑旁和8号陵兆域的东南、西南二角楼基本在同一条东西线之上。

月城位于碑亭以北35米,南墙辟门,门宽11米。月城之内东西两边陈放有文臣、武士石像。月城北墙即内城南墙,月城东、西墙与内城南墙相接。

内城东西134米、南北183米,南墙正中辟门,门宽17米,为过殿式门楼建筑。门楼之内有3个门道,门道内外均有3条斜坡式踏道,每条踏道长宽各3米,踏道之上铺砖。内城东、西、北门各居三面城墙中央,3座门也都建有门楼建筑。但是这3座门似为象征性的,内城的真正进出通道还是南门。内城四角建筑有角楼。

献殿在内城之中,位于陵寝南北中轴线西侧,殿址平面为东西向长方形。

陵台位于内城西北部、献殿以北。陵台封土基部平面呈八角形,每边长12米,高16.5米,上下分为七级,由下向上逐级向内收分,每级出檐,形成密檐式的塔楼。与其他帝陵封土不同的是,西夏帝陵陵台之下不是墓室,帝陵墓室在陵台以南。

8号陵的墓道南端在献殿北面,南北长49米,南端宽3.9~4米、北端宽4.9~8.3米。墓道为斜坡式,北端距地表最深处为24.6米。墓道北接甬道。甬道长6.2米、宽2.3米,地面铺素面方砖。甬道北通墓室,其间置墓门。墓室地面以素面方砖铺设,距地表深24.86米。墓室南北进深5.6米、东西宽6.8~7.8米,穹隆顶。墓室东、西两侧各设一配室,其间各以过道相连。过道长、宽各1.8米，穹隆顶，过道内方砖铺地。二配室大小相同，各长3米、宽2米。

8号陵早年经过严重盗掘，贵重文物已被洗劫一空。通过对陵园地表大量的西夏文和汉文残碑的研究，确定8号陵为崇宗李乾顺显陵。

已考古发掘的108号墓是西夏陵区崇宗显陵的陪葬墓，虽经盗掘，但墓葬形制仍较清楚，对人们了解西夏帝陵陪葬墓制度很有作用。

108号墓位于显陵北部，筑有墓园。墓园东西55.6米、南北58米，南墙中部辟门，门宽3.25米，原来建有高大门楼。墓园东南40米处有一座碑亭基址，其平面为方形，边长10米，台基高0.8米，台基面以方砖铺地。

108号墓封土在墓园西北部，现存封土为圆锥形，底部直径5.6米、残高4.5米。封土表面涂抹白色石灰。墓道和墓室在封土以南。此墓是一座阶梯墓道的土洞墓。墓道长16.4米，宽1.73~3.45米，墓道北端距地表深12.5米。墓道共有台阶36级。墓道北接甬道。甬道长1.75米，宽1.75~1.9米，高2.5米，南端置木门，门外墓道东西两侧各立一高2.15米的木雕人头像的长方木，象征守护墓主人的卫士。墓室平面呈圆角方形，边长约4米，穹隆顶，顶高3.5米。

108号墓发现大量家畜、家禽的骨骼，还有以完整幼狗、幼羊随葬的，这反映了西夏党项族的特有葬俗。

通过对墓园发现残碑文字的研究，108号墓可确认为西夏权臣梁国公梁乞逋之墓。

十二　明代帝陵

1368年，朱元璋推翻元朝统治，建立了明王朝。几乎同时，他在江苏泗州为祖父修建了"祖陵"，又在老家安徽凤阳为父母修建了"皇陵"。

朱元璋定都南京，他的陵墓修建于南京紫金山南麓。1421年，明王朝迁都北京，至末帝明思宗朱由检，共历15帝，除第二代皇帝朱允炆（音wén）在与成祖朱棣的内战中下落不明、代宗朱祁钰以王礼埋葬在北京西郊金山之外，其他13位皇帝均葬于北京昌平天寿山南麓，即"明十三陵"。

1　安徽凤阳明皇陵

朱元璋少年时父母双亡，当皇帝的第二年（1369年），为自己父母修建陵墓，始称"英陵"，后改称皇陵。皇陵位于安徽省凤阳县城西南7公里处。皇陵的修建历时10年，1379年竣工。皇陵坐南朝北，陵台以北为神道，南北长256米。神道两侧对称分布石象生32对，自南向北依次为内侍、武将和文臣各2对，石羊、石豹各4对，石马2对与控马官4对，华表2对，石虎、石狮各4对，麒麟2对。神道北端为内城北门，北门之外、金水桥前的东西两侧分别树立无字碑与皇陵碑。二碑巨大，如皇陵碑高6.87米，碑文1105字，朱元璋亲撰。碑文属于自传体，他一改前人夸耀先世的传统作法，自述其出身卑微贫寒，不忘贫贱之本。

皇陵的精美石雕，在中国古代帝王陵墓石刻中是不多见的。所用工匠大多为元代末年的艺术家，从这个角度而言，皇陵的石雕作品群反映出了元代的雕刻艺术。由于元代陵墓实行潜埋，地面没有遗迹，更无石刻，所以皇陵的大量石雕在中国古代美术史上有着更为重要的意义。

江苏泗洪明祖陵

朱元璋祖父居于泗州，死后葬于泗州杨家墩。1384年，明太祖朱元璋为祖父修建陵墓——祖陵。祖陵位于江苏省泗洪县管镇东南江淮平原上，东邻洪泽湖，淮河从祖陵东南流过。明代中期，由于黄河、淮河泛滥，泗州城及祖陵同时被洪水淹没。1678年，洪泽湖水吞没了泗州及祖陵，直至1963年洪泽湖水位下降，在湖水中沉没了300多年的祖陵才重见天日。

祖陵平面为长方形，坐北朝南，陵台居陵园之北。陵园营筑皇城、内城、外城三重城墙，四面辟门，四隅建角楼。灵星门以北20米为享殿，殿堂东西面阔33米，南北进深18米。享殿以北90米为祖陵地宫。皇城中还有神厨、宰牲亭和东西庑等。灵星门外为神道，神道南北长250米。神道石刻共21对，分列于神道两侧。21对石刻自北向南依次为太监、武将、文臣各2对，过金水桥又有文臣、石马、牵马者各1对，控马官、华表各2对，石狮6对，麒麟2对。祖陵石刻巨大，造型精美。由于祖陵的营建晚于皇陵，其石刻组合配置、雕刻技艺等方面都受到皇陵石刻的影响。

南京太祖明孝陵

明孝陵是朱元璋（1328～1398年）的陵墓。朱元璋祖籍江苏句容，其祖父徙居江苏泗洪，其父又迁至濠州（今安徽凤阳县）。朱元璋少年时父母双亡，他出家到皇觉寺当了和尚。1352年，朱元璋参加了郭子兴领导的元末农民起义军，后来成为农民起义军首领，率兵攻克南京，1368年推翻了元王朝统治，建明王朝，定都南京。

1381年，朱元璋始筑寿陵，征调修陵工匠多至数万，两年后帝陵竣工。1382年，帝陵施工正在全面进行之际，皇后马氏去世，朱元璋将马皇后葬入此陵之内。因马皇后谥号"孝慈"，此陵即名"孝陵"。

孝陵位于南京市东郊的紫金山南麓独龙阜玩珠峰下。朱元璋为选陵址，曾费尽心机，他召集明朝开国元勋刘基、徐达、汤和等商议咨询，大家一致认定"钟山"（即紫金山）作为陵址风水最佳。

明孝陵南起下马坊，北至独龙阜半山腰的方城，东自孝陵卫，西到城墙边，陵园城墙周长22.5公里，相当于明王朝都城应天城周长的2/3，可见其规模之庞大。

孝陵平面布局可分为南、北两部分，南部以神道设施为主，北部为陵寝主体建筑。

自下马坊向北至灵星门为孝陵南部。下马坊是孝陵陵区的南起点，在今南京农学院大门口对面。下马坊是一间两柱式石造牌坊，面阔4.94米，高7.85米，坊额之上横刻"诸司官员下马"六个大字，"下马坊"之名当源于此。下马坊是明孝陵正式入口，文武百官谒陵至此必须下马步行。下马坊以东36米立有"神烈山碑"，这是因嘉靖十年（1531年）将钟山改名为神烈山而立的石碑，高4米，碑东17米有崇祯十四年（1641年）所立的"禁约碑"，碑文内容为保护孝陵的9条规定。禁约碑以东为明朝政府设立的"孝陵卫"，这是负责孝陵安全保卫的机构。当年这里常驻卫兵数千，多时可达上万，可见明皇室对孝陵之重视。

下马坊西北755米为孝陵陵园的大门大金门。大金门面阔6.66米，进深8.09米，由3个门道组成，中门较大。当年门扉涂朱，黄色琉璃瓦顶，绿色琉璃椽子，建筑庄严华丽。

大金门以北70米为四方城——孝陵碑亭。碑亭平面呈方形，边长26.86米，原为重檐歇山式顶，四面辟门。亭内石碑通高8.78米，螭首龟趺，是南京地区最大的明代石碑。碑额题"大明孝陵神功圣德碑"，碑文为朱棣撰写，记述了其父朱元璋一生的功德事迹。

需要提及的一点是，在南京外郭麒麟门阳山还有一通未完成的"孝陵神功圣德碑"，这是1405年明成祖下令制作的，碑身长49.4米、宽11.5米、厚4.4米，碑座长30.5米、宽16米、厚13米，碑额高10.7米、宽20.3米、厚8.4米，每块巨石重5000~10000吨。可能由于无法搬运的原因，才成了半成品，至今留在阳山。这恐怕应属世界碑石之最了。

从四方城西北行，过御河桥约100米始达孝陵神道，神道左右列置石刻。神道石刻分为南北两段。南段神道石刻长618米，由东南向西北依次列置的石刻有石狮、獬豸、骆驼、象、麒麟和马6种，每种石兽2对，造型均为一对蹲坐、一对伫立。6种石兽之中以石象最大，高3.47米，每只重80吨。北段神道石刻长250米，由南向北依次排列华表1对、武将与文臣各2对。

孝陵石象生在雕刻造型艺术方面写实性更强，艺术家们也兼顾了细部的艺术处理。可以说，这批石刻艺术品在虚与实、粗与细、简朴与华美等方面做到了和谐一致，但是在形与神的处理方面却略显不足。

石人之北18米为石制灵星门，门宽15.73米。灵星门也称乌头门，因为这种门的建筑形制起源于古代的"乌头染"。灵星门则因门以灵星得名，灵星为角星之宿，角星为天门之象，所以灵星门就是天门，即天子之门，是王制的象征，因而明清皇家宫室、坊庙、陵寝建筑群中多置有灵星门。由灵星门向东北275米为石造五孔御河桥，桥北200米是文武方门。文武方门正门三洞，正门东西侧各 27.3 米有一侧门。进入文武方门为广地，东西宽 144 米，南北进深 55 米，广地之内左置宰牲亭，右置具服殿，还有御厨两所。

文武方门以北 34.15 米为孝陵殿殿前中门，即孝陵门。门宽 22.3 米，门内有左右廊庑 30 间、神帛炉 2 个。由文武方门至孝陵殿中央置御道，道宽 1.5 米，路面铺设巨石。

孝陵殿是孝陵陵寝地面建筑的主殿，面阔 9 间，进深 5 间，殿基东西 67.5 米、南北 28.5 米，其建筑规模比北京明十三陵中的最大享殿——明成祖长陵享殿还要大得多。

孝陵殿北 20.4 米置过门，过门所连东西墙向北与方城两侧的八字墙相接。过门以北 133.3 米为御河上的大石桥，桥长 57.5 米，桥北 7.8 米为方城。方城为巨大的石构建筑，东西面阔 75.26 米、南北进深 30.9 米，高 16.25 米。方城东西所连八字墙各长 20.66 米，高均为 7 米，砖砌墙壁之上布满精致的浮雕花卉等植物图案。方城正中设一拱门，门高 3.86 米。进入拱门，为 54 级石阶构成的圆拱形隧道，隧道宽 4 米，出隧道向上为夹道。夹道宽 5.6 米，向北达宝顶南墙，由东西慢道折而向上，登临明楼。明楼俗称梳妆台，东西面阔 39.25 米、南北进深 18.4 米，南面开 3 门，东、西、北各开 1 门，周施回廊，方砖铺地。楼顶原为飞角重檐，黄色琉璃瓦覆顶。

明楼之后为宝顶，也称宝城，是一座圆形大坟丘，亦即陵墓封土，其底部直径 325~400 米。坟丘周围砖石砌筑围墙，墙高约 7 米，墙顶宽约 2 米。宝顶之上古木参天，浓荫葱茏。宝顶之下当为孝陵地宫，据传是按照当时首都宫城大内规制设计建造的。其具体形制还有待通过考古发掘去了解和认识。

据文献记载，朱元璋死后葬于孝陵，殉葬妃嫔 38 人。作为孝陵的重要陪葬墓，有 1392 年埋葬的皇太子朱标墓。其墓因在孝陵之东而称东陵。太平门钟山北麓、中华门外雨花台一带，是孝陵的重要陪葬墓区，其中有不少明王朝开国元勋、栋梁之臣的墓葬，如中山王徐达墓、开平王常遇春墓、岐阳王李文忠墓等。其中徐达墓前仍保留着太祖朱元璋亲自为他撰写的巨大墓碑。石碑高 8.95 米、宽 2 米、厚 0.7 米，为明代达官显贵碑石中最大的一通。

孝陵陵园规模庞大，建筑宏伟，陵园中植松 10 万株，养鹿逾千头。孝陵陵园被列为禁区，百姓庶民不得进入，误入山陵者即被斩首；陵园之内的梅花鹿，身上都挂着"盗宰者抵死"的银牌。

孝陵陵园之内设神宫监，由太监负责陵园的管理、维修和祭祀。陵园之外有数以万计的兵士，日夜巡逻守卫。

北京明十三陵

十三陵是明朝皇室的主要陵区，包括了明代 13 个皇帝的陵墓，分别是成祖朱棣长陵、仁宗朱高炽献陵、宣宗朱瞻基景陵、英宗朱祁镇裕陵、宪宗朱见深茂陵、孝宗朱祐樘泰陵、武宗朱厚照康陵、世宗朱厚熜永陵、穆宗朱载垕昭陵、神宗朱翊钧定陵、光宗朱常洛庆陵、熹宗朱由校德陵和思宗朱由检思陵。在十三座帝陵之内还埋葬有皇后23人、贵妃1人、殉葬宫女数十人。十三陵陵区内还陪葬有7座妃子墓、1座太监墓（见图14）。

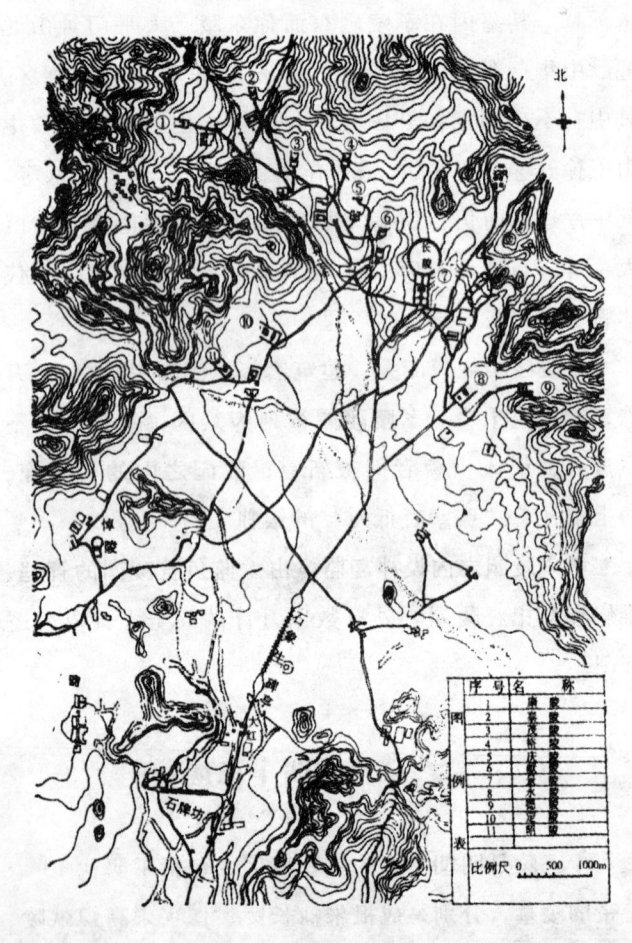

图14 明十三陵总平面图

十三陵位于北京昌平县城北 10 公里的天寿山南麓，南距首都约 50 公里，陵区面积 40 平方公里。

明代开国皇帝朱元璋定都南京。朱元璋死后，惠帝朱允炆当政，镇守北京的燕王朱棣为争夺皇位，兵临南京城下，攻克都城，惠帝下落不明，朱棣称帝，迁都北京。1407 年明成祖朱棣派礼部尚书赵羾和术士廖均卿、曾从政、王侃、马文素等在北京寻找皇家陵园的风水宝地，他们跋山涉水，全面衡量，几易其地，直到 1409 年才确定以天寿山南麓为皇室兆域。这里东、西、北三面环山，山前有开阔的川原，水丰土厚，风景美好，形势险要，易于守卫。

十三陵始建于 1409 年，以后历代明朝皇帝修陵、建陵、祭陵活动始终不断。十三陵陵区属于统一规划、逐步实施、主从分明的大型皇室陵墓区。为了保卫陵区安全，早在永乐年间建陵伊始，就在陵区四周依山势构筑围墙。陵区围墙墙体以片石或卵石砌筑，周长约 34 公里。在山口处建有 100 座关隘，各关口建筑敌楼，派重兵把守。

十三陵陵区南端有一座高大的石牌坊。石牌坊建于 1540 年，五间六柱，庑殿顶，面阔 33.6 米，高 10.5 米。石牌坊以大型汉白玉构件建成，雕饰精美华丽，是中国最大的石牌坊。

石牌坊以北约 1000 米是陵园总门户——大红门。大红门东西面阔 37.6 米、南北进深 11.4 米，全部为砌石结构，券门三洞，单檐，庑殿顶，黄瓦红墙。门前两侧各立一下马石碑，碑高 5.32 米，正反两面刻有

"官员人等至此下马"。大红门东北原有一处皇帝祭陵更衣的处所——拂尘殿，现仅存殿址。

大红门之内为总神道。神道南北长1060米，南端建有大碑亭。碑亭系重檐歇山顶，上覆黄色琉璃瓦，四面辟门。碑亭平面为正方形，边长23.1米，亭高25.14米，亭外四角各立一高大白石雕龙华表；碑楼之内立"大明长陵神功圣德碑"。石碑通高7.91米，系明仁宗朱高炽为其父成祖朱棣撰写的碑文。

碑亭以北800米之内神道两侧由南向北依次列置华表1对和狮子、獬豸、骆驼、象、麒麟、石马、武臣、文臣和勋臣各2对。石象生之北为石柱组成柱出头的牌楼式灵星门。灵星门有3个门道，每个门道设2门扉。灵星门额枋之上雕饰有宝珠火焰，故此门又称"火烧门"。作为明十三陵总神道北端的门户，皇帝、皇后入葬山陵必经此门，所以灵星门又名"龙凤门"。

十三陵神道与成祖长陵同时建成，长陵以后明代帝陵进入十三陵陵区，仅设支路与这条神道相通，各支道不再列置石象生，因而它也就成了陵区总神道。

十三陵以成祖长陵为首陵，从各陵排列与分布来看，明代初年的成祖长陵、仁宗献陵、宣宗景陵和英宗裕陵的位置排列，遵照了古代的昭穆制度。按照以长陵为祖位、左昭右穆的次序，长陵东侧穆位的世宗永陵、熹宗德陵，长陵西侧昭位的孝宗泰陵、穆宗昭陵、光宗庆陵，也都是符合规制的。本应位于长陵以东穆位的宪宗茂陵、武宗康陵、神宗定陵、思宗思陵，均在长陵以西的昭位。上述陵址昭穆错位的原因有三：

一是明代中晚期，十三陵陵区长陵祖位以东的穆位可选为陵址的"风水宝地"太小了；二是宪宗茂陵之前的景泰陵和武宗康陵之前的睿宗显陵均未入葬十三陵陵区；三是崇祯皇帝朱由检生前没有预建寿陵，他死后明王朝已被李自成推翻，只好将崇祯帝合葬入其已故宠妃——田贵妃的墓中。

十三陵各帝陵分别位于各个小山峰的南麓或东南麓，各帝陵自成陵园，虽然其规模大小不一，但形制基本相同。各陵陵园周围筑墙，称为"宫墙"。宫墙红色，南面辟宫门，宫门之前竖立无字石碑。进入宫门有祾恩门，门阔3间或5间。祾恩门内为祾恩殿，这是地面陵寝建筑中的主殿。殿堂面阔7间或9间，皇帝、皇后和百官祭陵行礼都在此殿进行。祾恩殿后有牌楼门，门后为宝城。宝城上部为帝陵封土，下部为帝陵玄宫（即地宫）。宝城前部建有明楼，楼中立石碑，碑上刻皇帝庙号、谥号。明楼前面设置有石刻的香炉1个、烛台2个、花瓶2个，称作"石五供"。

明初的帝陵玄宫之中合葬一帝一后，殉葬从死的宫妃不入葬帝陵之内。自英宗以后，大多数帝陵之中埋葬一帝二后或一帝三后。

明代前期，皇室有着残酷的殉人制度。皇帝死后，其妃嫔要为其殉葬。明太祖朱元璋下葬时用妃嫔38人殉葬，成祖朱棣下葬时用妃嫔16人殉葬，仁宗、宣宗死后也都用妃嫔殉葬，英宗时才结束了明代宫妃殉葬制度。明王朝制度规定，妃嫔不能与皇帝同穴合葬。为了埋葬陪葬的妃嫔，在成祖长陵东西两侧4~5里处各辟一处墓地。因这些陪葬妃嫔墓穴均为竖坑,没有墓道,墓如"井"字,故两处墓地又称"东井"与"西井"。当时还有一些殿、庑、碑碣等墓地祭祀建筑。

十三陵各陵规模大小不一,作为首陵的成祖长陵居陵区中心位置,其规模之大一目了然。其余诸陵则相差甚大,这一方面受国力所限,另一方面与陵墓营造者也有关系。大凡皇帝生前修筑的寿陵一般比皇帝死后由其子孙营建的陵墓规模要大,规格要高。也有个别政治上比较英明的皇帝,还是要求节葬的。

明代统治者对帝陵的管理十分重视,各帝陵设守陵太监,掌管陵园安全、供奉香火、洒扫卫生等。其机构称"神宫监",建于陵下或左右,规模庞大,其办公用房多至几百间。

每座帝陵设置一陵卫,这是军事机构,它们拥有军队,称"陵军",巡逻山场、卫护陵园。各陵的陵卫统属于天寿山守备管辖,这是十三陵陵区最高军事长官。按照明代军事编制,每个陵卫应有军士5600人,天寿山守备的军队约在7万人左右。

帝陵的祭祀活动是重大事情,明朝中央政府在各帝陵设置祠祭署专司其事。

成祖长陵 长陵是成祖朱棣和皇后徐氏的合葬陵墓,是十三陵中营建时间最早、规模最大、保存最为完好的一座帝陵。

朱棣(1360~1424年)是朱元璋的第四个儿子,曾被明太祖封为燕王,多次出师北上,保卫北疆。1403年,在争夺皇位中,他取得了胜利,登上皇帝宝座。此后他迁都北京，使之成为全国政治、经济、文化中心。他多次率兵亲征漠北，打击蒙元残余的侵扰，保卫了国家安宁，促进了经济发展。朱棣当政时下令编辑的《永乐大典》是我国文化史上的一大盛举。他派"三保太监"郑和下西洋，在中西海上丝绸之路史上有着里程碑意义。十三陵陵区的选定，朱棣起了决定作用，长陵的规划、营建实际是在他领导下进行的。

长陵陵园建筑形制与孝陵基本相同，平面前方后圆。前面自南向北由三进院落组成。第一进南部中央辟门，称为陵门。院内东部有神厨5间，是为谒陵人准备餐食和制作供奉祭品的厨房；西部有神库5间，是储存食物的库房。神厨西侧有一碑亭，原为世宗皇帝所立的无字碑。碑上现有文字是清代刻上的。

第二进院落南部中央为祾恩门，面阔5间，进深2间；东西31.44米，南北14.37米。祾恩门东西侧各辟有一掖门。院落中央偏北的祾恩殿是陵园的正殿，供奉着皇帝和皇后的牌位，上陵祭祀活动就在这里举行。祾恩殿面阔9间，进深5间；东西66.56米，南北29.12米，总面积1938平方米。正脊至台基地面高25.1米，为重檐庑殿式顶，覆黄色琉璃瓦。殿内"金砖"铺地，梁、柱、枋、檩、椽、斗拱等木构件均以名贵的金丝楠木制成。60根楠木大柱支撑殿宇，殿内32根重檐金柱，各高12.58米，底径均在1米以上。祾恩殿与明、清两朝皇宫的金銮殿（明皇宫中的奉天殿、清故宫中的太和殿）规模相同，是明代帝陵中唯一保存至今的帝陵陵寝正殿，是我国古建筑中极为珍贵的、等级最高的宫殿建筑之一。祾恩门与祾恩殿之间的东西两庑原来各有 15 间配殿。东西配殿之间、祾恩殿前两侧各有一座"神帛炉",炉体由琉璃件组装而成,用于焚烧祭祀所用的神帛和祝文。

第三进院落南面中央设内红门,门内由南向北依次为两柱灵星门、石五供。三进院落之北为宝顶,二者之间有方城。方城高 12.95 米,其上建有明楼。明楼实际是座碑亭,楼内立"圣号碑",碑文"成祖文皇帝之陵"字大盈尺,字中填金。现存的明楼和"圣号碑"为 1605 年仁宗所重建。

穿过方城即进入宝顶。宝顶也称宝城,直径约 340 米,是明十三陵中规模最大的宝城。宝城周围筑墙,雉堞林立,高 7.3 米。宝城内为帝陵圆丘状封土,封土之下为帝陵玄宫(见图 15)。

文献记载,徐皇后与成祖合葬长陵。徐氏系明朝开国元勋徐达之女,以贤惠称誉于史。

神宗定陵 定陵系神宗朱翊钧与两位王皇后的合葬陵墓,是我国境内迄今唯一一座进行全面考古发掘的、统一帝国时期的、没被盗掘

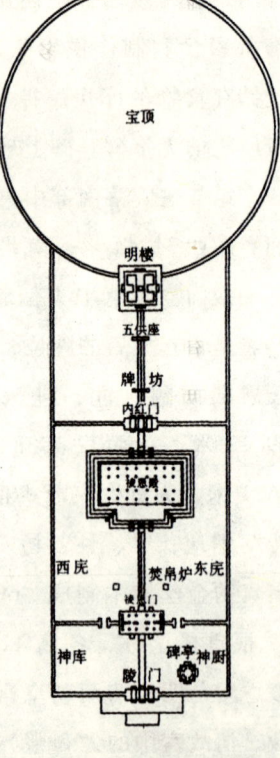

图 15 长陵平面图

的皇帝陵墓。

朱翊钧（1563～1620年）是穆宗朱载垕之子，他4岁当皇帝，执政近半个世纪，是明代享国最久的皇帝。神宗即位之初，由于政治家张居正的辅佐，国家在政治、经济、军事诸多方面都取得不少成就。1582年张居正去世后，神宗任用宦官、陷害忠良、荒淫怠惰，明王朝统治岌岌可危，

1583年，年方21岁的神宗朱翊钧就开始为自己预建寿陵——定陵，他多次率领朝廷大臣赴昌平，最后选定大峪山为陵址。当时参加营建帝陵的工匠、兵士，每天有二三万人之多。其陵寝规模远在其父穆宗昭陵之上。定陵营建历时约6年，用银800余万两，相当于万历中期全国2年的赋税总收入。

定陵陵园地面建筑自明朝灭亡后曾多次遭到严重破坏，陵园的正殿祾恩殿早已成废墟，仅存千疮百孔的宝城、明楼、陵门和陵园的残垣断壁。从文献记载和现存建筑遗迹可知，定陵陵园建筑占地约18万平方米，有两重城墙，外城南部正中辟门；内城南部陵门面阔5间，门内左侧有神厨5间；右侧有神库5间；祾恩门是内城第2道门，面阔5间，北与祾恩殿相对，祾恩殿面阔7间；祾恩门与祾恩殿之间东、西各有配殿9间，神路两边各有神帛炉一座；祾恩殿后神道之上由南向北排列有灵星门、石五供，向北为方城、明楼、宝城（见图16）。

定陵的考古发掘始于1956年。定陵地宫之前有砖隧道、石隧道、金刚墙。隧道门在宝城内侧，由此门

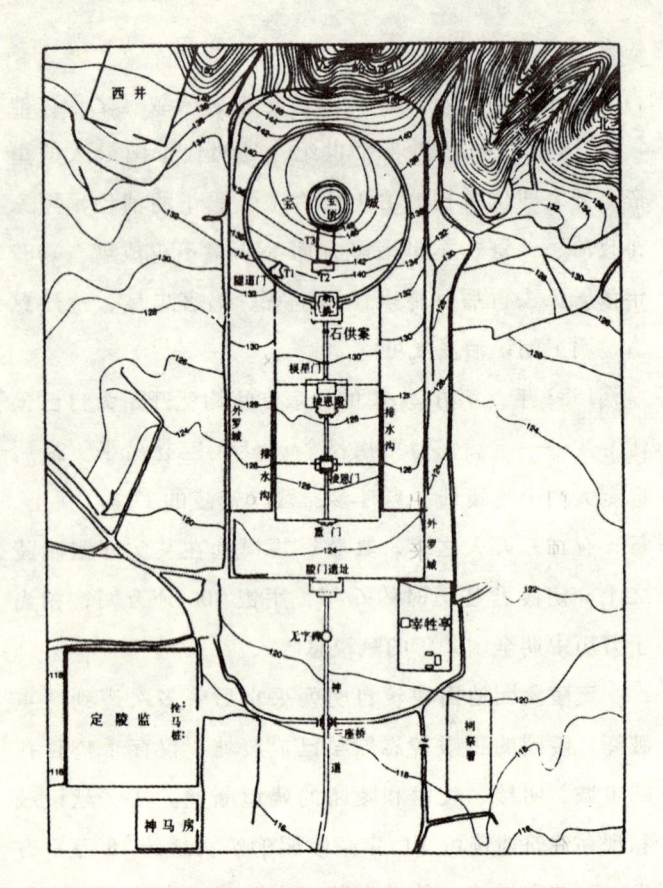

图 16 定陵陵园平面图

进入东西向砖隧道,其东接石隧道。石隧道尽端为金刚墙所堵。金刚墙下部以4层条石垒砌,其上砌砖56层,高8.8米。金刚墙顶部覆盖黄色琉璃瓦,墙中部有"圭"字形入口,口内有23层砖封砌。由此口进入隧道券,通过隧道券进入定陵玄宫。玄宫的第一道石门设在隧道券西壁。玄宫由前、中、后殿和中室左右的配殿组成,各殿均以石条起券,异常坚固。玄宫连同隧道券前后长87.34米，左右宽47.28米，总面积1195平方米。前殿和中殿面阔各6米，进深分别为20米与32米，高均7.2米。后殿面阔30.1米，进深9.1米，高9.5米。左、右配殿大小相同，各面阔26米，进深7米，高7.4米。前殿和中殿以方形澄浆砖铺地，后殿和左、右配殿以花斑石铺地（图16）。

前、中、后殿与左、右配殿之间有石券洞相通，洞内安装汉白玉石双扇石门；前、中、后殿之前的石门尤为巨大，两扇石门各高3.3米、宽1.7米，重约4吨；石门面上雕刻出铺首衔环和9排门钉。石门背面有用于顶门的"自来石"。

前殿之内无任何陈设，当作为"庭"来使用。中殿陈设有神宗和孝端、孝靖二皇后的汉白玉神座。神座之前放置了黄色琉璃制作的五供（香炉1件、烛台2件和花瓶2件）。五供之前又各有一口青花云龙纹大瓷缸，口径0.7米，内放香油，有灯芯，即"长明灯"或"万年灯"。实际上，玄宫封闭后，由于缺氧灯火也就自灭了，"长明"、"万年"不过空有其名。

后殿之内有棺床一座，用汉白玉砌成，下部须弥座上雕饰仰覆莲。棺床上中间停放着神宗的棺椁，左右分列停放着孝端皇后与孝靖皇后的棺椁。棺为楠木所制，外施朱漆。椁用松木做成。棺椁之上陈放着丝织铭旌、木制仪仗等物。万历灵柩上的铭旌金书"大行皇帝梓宫"。棺床两端放26只朱漆木箱，箱内放满随葬品。左、右配殿各置一棺床，其上未有棺椁。原来可能是为安葬妃嫔而设。

定陵出土各类器物 2648 件，主要有帝后冠服、织锦匹料，金、铜、锡、玉、瓷、木器，谥册、谥宝，金、银元宝等，其中有不少稀世之宝。如皇帝的翼善冠精致绝顶，以金丝编造，图案中的双龙戏珠，呼之欲出。皇后的凤冠之上以金丝和翠鸟羽毛编织成龙、凤、花树、翠云等图案，每冠之上所镶珍珠 5000 颗，使用宝石百余块。定陵出土的珍贵文物目前都已在定陵博物馆公开展出，供人们参观。

十三 清代帝陵

清陵有 12 座，分为三个陵区。入关之前的陵区为盛京三陵：一是永陵，即努尔哈赤先辈的祖陵，位于辽宁省新宾县；另二陵是福陵和昭陵，即努尔哈赤和皇太极的陵墓，位于辽宁沈阳。入关之后的帝陵陵区有二，即清东陵和清西陵，两个陵区共埋葬了 9 个皇帝（见图 17）。

清帝陵布局结构与明帝陵基本相同。以清东陵和清西陵中大多数帝陵为例，其陵寝平面布局一般为坐

图 17 清代帝王陵寝位置示意图

北朝南，由南向北依次为一路5孔石桥、石牌坊、大红门、具服殿、碑亭（碑亭外四隅各立一华表）、一路7孔石桥（或5孔石桥）、华表1对、石象生若干对、龙凤门、一路3孔石桥、神道碑亭、东西朝房、东西守护班房、隆恩门、东西燎炉、东西配殿、隆恩殿、琉璃花门、二柱门、石祭台、方城明楼、哑叭院（月牙城）、宝城。宝城之下为地宫。

清代帝陵地宫以清东陵中的定陵、惠陵，清西陵中的昌陵、崇陵的地宫布局最具代表性。这类地宫从南端隧道开始，由隧道券经哑叭院、月牙墙至闪当券，进地宫第一道门，过门洞入安放宝册的明堂。明堂以北为第二道门，入穿堂、进第三道门。穿过门洞进最后一道门，门内为金券。地宫之内南北共计4道石门。每道门各装石门2扇。金券之内设宝床，其上安置金棺。

清代陵寝制度规定，先皇帝而死的皇后不另建皇后陵，要等皇帝死后才与皇帝合葬。皇帝死后下葬，陵寝地宫封闭。后皇帝而死的皇后不能与皇帝合葬同一陵墓，另在帝陵之旁营筑皇后陵寝。一般来说，皇帝妃嫔死后葬入帝陵附近的"妃园寝"中，但也有个别贵妃与皇帝合葬同一陵中的。

清代皇后陵寝仿照帝陵制度，唯规模小于后者，也不设石象生、龙凤门等。皇后陵寝建筑由南向北依次为石桥，东、西朝房，东、西守护班房，隆恩门，东、西燎炉，东、西配殿，隆恩殿，琉璃花门，石祭台，方城明楼和宝城。

妃园寝比皇后陵寝规模更小，由于森严的等级制度，其建筑物名称都不一样。妃园寝由南向北依次为石桥，东、西厢，东、西守护房，大门，东、西燎炉，东、西厑，飨殿，琉璃花门，方城明楼和宝顶。

清陵陵寝建筑的重要特色是南北向中轴线贯穿每座陵寝，主体建筑隆恩殿和方城、明楼、地宫都在中轴线上。陵寝建筑布局追求对称和均衡，在陵寝与自然环境关系上处理得和谐、统一；建筑物布局高低错落、疏密得当；建筑色彩富丽堂皇、金碧辉煌。清陵中的石雕、砖雕和木雕，在陵区内无处不见。其雕刻技术之高超、图案造型之优美在中国古代雕刻史上占有突出地位，如孝陵、泰陵石牌坊，整体气势磅礴，细部刻画精美。石象生静中欲动，栩栩如生。慈禧陵大殿各部位的雕刻工艺盖世，乾隆裕陵可谓地宫石雕艺术的宝库。隆恩殿木构件的各种高浮雕、帝后妃嫔棺材上的各种雕饰，技艺高超、精巧之极，是清代木雕的杰作。

清朝政府十分重视帝陵的管理，在清东陵和清西陵分别设立了"陵寝礼部衙门"和"陵寝工部衙门"，主管陵区事务。帝陵陵寝祭祀活动很多，每年举行4次大型祭祀活动，每月例行3次小型祭祀活动。中央政府还在各帝陵设置专职官员和军队，负责管理和守卫。陵寝驻兵很多，清东陵周围设兵站350处，有骑兵492名，步兵2179名，其他士兵169名，战马506匹。

1 盛京三陵

盛京三陵也称清初三陵，包括清朝的祖陵永陵、清太祖努尔哈赤的福陵和清太宗皇太极的昭陵。

永陵原名兴京陵,是清皇族的祖陵,其中埋葬着努尔哈赤的远祖孟特穆、曾祖福满、祖父觉昌安、父亲塔克世、伯父礼敦、叔父察篇古等人。永陵位于今辽宁省新宾满族自治县城西20公里的启远山南麓。陵园坐北朝南,园墙为红墙,墙外15公里设立红椿木桩74根,再外7米设立白椿木桩64根,又外5公里设立青椿木桩36根。木桩实际是界桩,其上悬挂着界牌,界牌文字告示人们"红桩以内,寸草为重;白桩以内,禁止樵采;青桩以内,禁止烧造"。所有闲杂人等一律禁入陵区。

永陵陵园以南门为正门,称前宫门,门内东西排列着努尔哈赤的远祖、曾祖、祖父、父亲的4座碑亭,亭内各立一通石碑。碑亭之前东、西侧分别为大班房与大厨房,碑亭之后东、西侧分别为果楼与膳房。

碑亭之北为方城。万城正门为南门启远门,门东西两侧红墙之上饰琉璃镶嵌的五彩云龙袖壁。进入启远门,即为永陵正殿启远殿。该殿为单檐歇山式大殿,黄琉璃瓦顶,四门八窗。殿内有大小暖阁各4座,前者阁内置宝床,后者每阁之内供帝、后神牌各1块,阁前有龙凤宝座8个、五供案桌4张。启远殿东西各置配殿3楹,两配殿前设置焚帛炉1座。

启远殿后为宝城,再后为陵墓。永陵天地宫均为检骨迁葬墓或衣冠冢。

努尔哈赤(1559～1626年)原为明朝建州左卫指挥使,后来晋升为龙虎将军。1616年,努尔哈赤在统一女真族各部落的基础上，建立了后金政权，割据辽东，1625年迁都沈阳，死后葬于沈阳城西北角。1629年，其子皇太极为其修建福陵，孝慈高皇后与努尔哈赤合葬于此陵。但直至1651年，福陵工程才基本完成。

福陵位于沈阳东郊、浑河北岸的天柱山南麓，坐北朝南。陵园之外，由外向里设立了青、白、红椿木桩3层，作为界桩。陵园为红墙，南面中间辟正门，门外东西两侧对称列置石狮、华表、石牌坊和下马碑。下马碑上的碑文用满、蒙、汉、回、藏5种文字铭刻。正门之内神路两侧对称列置驼、马、狮、虎各1对石象生。神路北端与登山的108级砖阶相连。砖阶北对碑楼，楼内立康熙皇帝用满、汉两种文字撰写的"大清神功圣德碑"。碑楼北邻方城。方城四隅设有角楼，南门隆恩门为正门。隆恩门为三重檐高大门楼。方城中央为隆恩殿，殿东、西两侧是配殿。隆恩殿为福陵正殿，内供神牌，置暖阁，系祭祀之所。隆恩殿之后置石柱门、石五供，其后明楼之内立"太祖高皇帝之陵"石碑。方城之北为月牙形"宝城"，其中圆形"宝顶"即陵墓封土，宝顶之下为福陵地宫。

昭陵是皇太极（1592~1643年）的陵墓。皇太极是努尔哈赤之子，1626年继位，1636年称帝，改后金国号为"大清"。1643年兴建昭陵，同年死于后宫，葬于昭陵。1651年昭陵竣工。

昭陵位于沈阳城北，因此又称北陵。昭陵是盛京三陵中规模最大的帝陵，陵园面积450万平方米。陵园之外树立红、白、青椿木界桩3层。昭陵平地起建，坐北朝南，为增加气势，陵园北边修筑了假山——隆业山。昭陵与福陵陵园布局形制相同。陵园南门外有下马碑、华表、石桥和石牌坊。南门之内神路两侧由南向北列置狮、獬豸、麒麟、马、骆驼和象等6对石象生。石象生北为大碑楼，内竖康熙皇帝所书"大清昭陵神功圣德碑"，石碑高5米。碑楼后为方城，方城四隅置角楼。正门为南门——隆恩门，其北为隆恩殿。隆恩殿东西有配殿，殿北为明楼及方城之后的宝城、宝顶（见图18）。

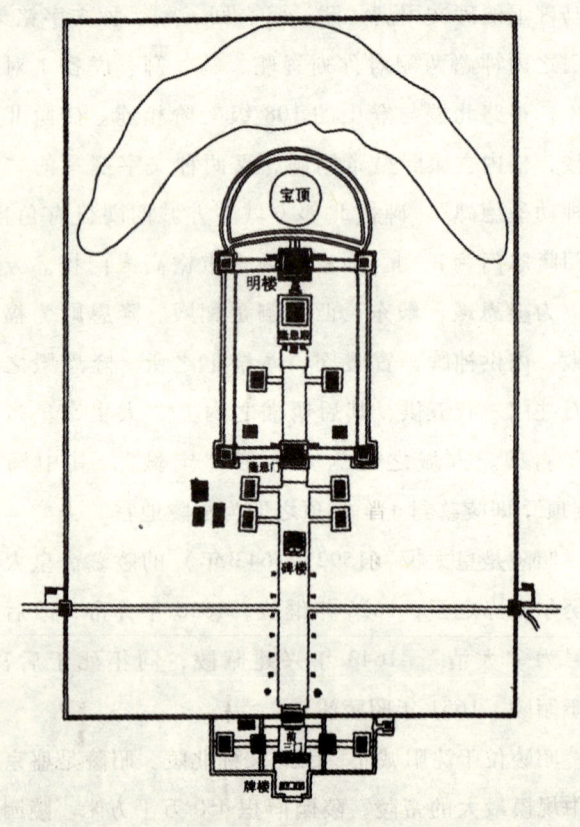

图18 昭陵平面图

清东陵

清东陵位于河北省遵化市马兰峪西的昌瑞山下,陵区北靠雾灵山,南临天台山和烟墩山,东自马兰峪,西至黄花山。陵区划分为前圈和后龙两部分。前圈是陵区的建筑部分,后龙在前圈之北,是衬托前圈的广大绿化区域。前圈面积为 48 平方公里,陵区周围开长 190 公里、宽 66.6 米的火道,沿火道立红桩 940 根,红桩之外 66.6 米立白桩,白桩 5 公里之外立青桩。青桩之外还有 10 公里宽的官山,百姓不得涉足于此。东陵包括控制区占地面积 2500 平方公里,是中国现存规模最庞大的帝陵群。清东陵有 5 座帝陵:顺治孝陵、康熙景陵、乾隆裕陵、咸丰定陵和同治惠陵;有孝庄、孝惠、孝贞(慈安)、孝钦(慈禧)4 座皇后陵;还有景妃、景双妃、裕妃、定妃、惠妃 5 座妃嫔陵寝。此外还埋有其他福晋(满语"夫人"之意。按照清代制度规定,凡皇族中的亲王、郡王、世子的正室夫人,均称为福晋)、格格(清代皇族女儿)等。从 1663 年顺治入葬东陵,至 1935 年同治皇帝最后一位皇妃埋入东陵,历时 272 年,东陵之中共葬入 157 人(见图 19)。

东陵除了昭西陵之外,以孝陵为中心。孝陵位于昌瑞山主峰之下,其他皇帝陵寝分布在它两侧,东侧有康熙景陵、同治惠陵;西侧有乾隆裕陵、咸丰定陵。在皇帝陵寝附近有皇后、妃嫔的陵寝。孝陵以东的孝

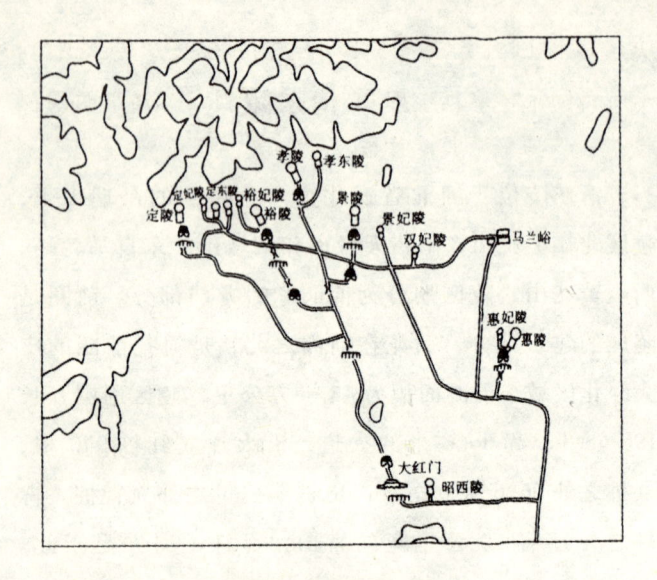

图19 清东陵分布图

东陵是孝惠张皇后的陵寝,还有顺治皇帝的7位妃子、4位福晋、17位格格的陵墓。景陵以东有康熙皇帝的48位妃嫔、1位阿哥的景妃园寝和悫惠皇贵妃、惇怡皇贵妃的双妃园寝。裕陵以西有乾隆皇帝的36位后妃的裕妃陵。定陵以东有咸丰皇帝的两位皇后慈安、慈禧的定东陵,15位妃嫔的定妃陵。惠陵以西有同治皇帝的4位贵妃的惠妃陵。

清世祖(1638~1661年)即爱新觉罗·福临,年号顺治,1643~1661年在位。他是清人入关的第一任皇帝。孝陵是顺治皇帝和孝康、孝献二皇后的合葬陵墓,在整个东陵陵区5座帝陵之中最具代表性。清东陵陵区南端树立有石牌坊,为五门六柱单檐庑殿顶石构建筑。石牌坊东西面阔31.35米,高12.48米。石牌坊北为大红门，这是清东陵的总门，也是孝陵的正门，系砖石砌筑，单檐庑殿顶。门有三洞，门外东西两侧各立一下马牌，其上用汉、满、蒙三种文字刻"官员人等至此下马"的字样。大红门内东边有具服殿，这是皇帝谒陵时休息、更衣的地方。

大红门北为碑楼，这是一座重檐九脊歇山式建筑，高约30米。楼内立"大清孝陵神功圣德碑"，碑文左为汉文，右为满文，记述了顺治皇帝的功绩。碑高6.7米，碑身为整块巨石雕成，重20吨。碑楼四角各立一华表，华表高12米。

碑楼以北、神道两侧列置18对石象生，由南向北依次为狮子、狻猊、骆驼、象、麒麟、马、武将、文臣等。

神道石刻以北是龙凤门，门为3间6柱3楼，以彩色琉璃砖瓦装饰龙凤花纹。门北为神道石桥，即3路3孔桥。桥北为神道碑亭，规模小于前述碑楼。亭内石碑之上也是刻着给皇帝歌功颂德的文字。神道铺砌条石和巨砖，分左、中、右3条道，南端始自大红门，长约5公里。

碑亭向北，神道东侧为茶膳房，西侧为饽饽房。这是专门制作祭祀供品的地方。两房之北各有一处守护陵寝大门的值班房屋。

陵寝大门即隆恩门，门前为月台，月台东西两侧陈设兵器架。隆恩门有3个门洞，各安装两扇红漆大门，东门称"君门"，为皇帝、皇后出入之门；西门称"臣门"，为侍卫大臣等随同帝后祭陵时出入之门；中门称"神门",专供已故帝、后棺椁进入之门,大于东西两门。

隆恩门内、神路东西两边各置一焚帛炉,2炉之外各有1座配殿。隆恩门北为隆恩殿,这是陵寝祭祀的主殿,又称享殿,面阔5间,进深3间,重檐歇山顶,顶铺黄琉璃瓦。隆恩殿两侧有配殿。

隆恩殿后为琉璃花门,也叫陵寝门。门两侧与红墙相连,门外(即门南)称"前朝",门内(即门北)称"后寝"。陵寝门与二柱门相对,二柱门北为石五供,再北为便桥,桥北即方城。方城之上建有明楼。明楼是陵寝中最高的建筑物,为九脊重檐歇山顶的方形碑亭,楼内"金砖"铺地,内立石碑。石碑朱砂涂饰,左、中、右分别为蒙、满、汉文字,文为"世祖章皇帝之陵"。

方城北连宝城。宝城内为马道,马道里边有宇墙,宇墙围绕帝陵封土,即"宝顶"。宝顶是用黄土、砂土和白灰组成的"三合土"夯筑而成,并用糯米汤浇渗、铁钉加固。宝顶之下即帝陵地宫。乾隆裕陵地宫进深54米,地宫面积300多平方米,用汉白玉石砌筑,前后分为明券、穿券、金券三室,为拱券式结构。墓室内壁和券顶满布雕刻的佛像、经文。地宫前后有4道石门,门扇之上浮雕菩萨立像。门外为墓道。

孝东陵是孝惠章皇后的陵寝,这是清东陵内营筑的第一座皇后陵寝。陵寝神路左右埋葬了7位妃嫔,明楼两侧有次序地排列着4个福晋和17位格格的宝顶。孝东陵的29座后妃陵墓均在陵寝门内,根据后妃生前等级，安排其死后陵墓位置，孝惠章皇后坟墓居中，其他 28 座后妃墓分列左右。

3 清西陵

清西陵位于河北省易县城西永宁山下，陵区东自梁各庄，西到紫荆关，南起大雁桥，北至奇峰岭，四周由里向外依次设红桩、白桩和青桩，青桩之外再开辟 10 公里宽的官山。官山之内均属陵区范围，百姓不得觊觎。陵区周长近百公里，占地面积 225 平方公里，规模小于清东陵。

清西陵有皇帝陵寝 4 座，皇后陵 5 座，嫔妃园寝 3 座，亲王、公主的园寝 6 座，共埋葬着帝、后、王、公主等 76 人（见图 20）。

雍正泰陵位于清西陵陵区的中心，其西有嘉庆昌

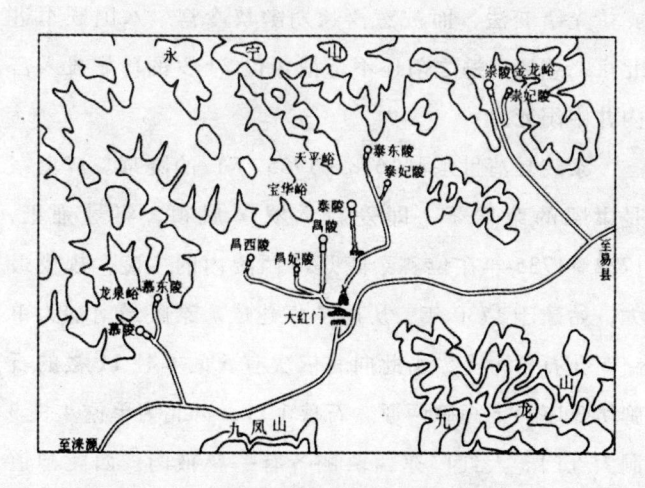

图 20 清西陵分布图

陵、道光慕陵，东有光绪崇陵。泰陵东北为乾隆生母孝圣宪皇后钮祜禄氏的陵寝——泰东陵；东部为泰妃陵，其中埋葬了雍正的裕妃耿氏、齐妃李氏、谦妃刘氏、懋妃宋氏、宁妃武氏等人。昌陵是嘉庆皇帝与孝淑睿皇后喜塔腊氏合葬陵墓。嘉庆的孝和睿皇后钮祜禄氏葬于昌陵以西2.5公里的昌西陵。昌陵与昌西陵之间的昌妃陵埋葬着嘉庆的诚妃刘佳氏、华妃侯佳氏、恕妃完颜氏等。慕陵是道光皇帝与孝穆成皇后钮祜禄氏、孝全成皇后钮祜禄氏的合葬陵墓。慕陵在清西陵陵区最西部，其东距泰陵6公里。慕陵东北是慕东陵，埋葬着孝慎成皇后佟佳氏、孝静成皇后博尔吉特氏等人。慕陵是清代帝陵规模最小、形制最简约的一座，这与道光所处的时代有重要关系。

崇陵是光绪皇帝与隆裕皇后的陵墓。崇陵东南为崇妃陵，埋葬着著名的瑾妃和珍妃姊妹二人。珍妃因支持光绪变法，而被慈禧长期幽禁冷宫。八国联军进北京，慈禧出逃之前还不忘把年仅24岁的珍妃投入宫内井中溺死。

泰陵是清世宗（1678～1735年）的陵墓。清世宗是康熙的第四子，即爱新觉罗·胤禛，年号雍正，1722～1735年在位。泰陵是清西陵内的主陵，规模最大，始建于1730年，历时7年建成。泰陵最南端为单路5孔石桥1座，由此向北依次有5间6柱11楼的石牌坊3座、下马碑两通、石兽1对，再北为单檐4柱3洞大红门。大红门东西两侧各有一座掖门。西陵神道长约2.5公里，大红门是主陵的大门，也是西陵陵区的大门。由大红门向北依次为3孔小桥、圣德神功碑亭，碑亭外四角各立一华表。碑亭北为7孔桥，桥北为石象生东西对称分布，由南向北依次为华表、狮、象、马、文臣、武将各一对。再北为龙凤门、三孔桥、碑亭。碑亭北为月台，东西对称列置朝房和守护班房。月台北部为隆恩门，门内北对隆恩殿，东西对称分置焚帛炉和配殿。隆恩殿北依次为琉璃花门、二柱门、白石祭台、方城明楼。方城北接宝城。宝城南部为月牙城，北部为宝顶，宝顶之下为地宫（见图21）。

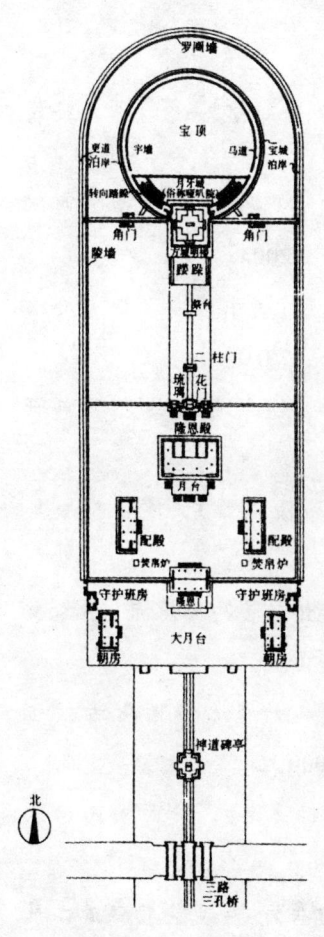

清东陵和清西陵地面建筑宏伟，地宫之内随葬品价值连城，近代帝国主义侵略者和封建军阀对其进行了疯狂盗掘，地宫之中的各类金银珠宝重器被洗劫一空，地面陵寝建筑也被破坏得千疮百孔。残垣断壁，一片荒凉。中华人民共和国成立后，东陵和西陵文物古迹受到党和政府的高度重视，国家历年来拨巨款进行修葺，清陵陵区得到了很好保护。

图21　泰陵平面图

参考书目

1. 中国社会科学院考古研究所:《新中国的考古发现与研究》,文物出版社,1984。
2. 中国社会科学院考古研究所:《中国考古学·两周卷》,中国社会科学出版社,2004。
3. 中国社会科学院考古研究所:《中国考古学·秦汉卷》,中国社会科学出版社,2010。
4. 中国社会科学院考古研究所:《殷墟的发现与研究》,科学出版社,1994。
5. 陕西省文物局等:《陕西帝陵档案》,陕西出版集团、三秦出版社,2010。
6. 陕西省考古研究所等:《秦始皇陵兵马俑坑一号坑发掘报告》,文物出版社,1988。
7. 陕西省考古研究所等:《秦始皇帝陵园考古报告(1999)》,科学出版社,2000。
8. 刘庆柱、李毓芳:《西汉十一陵》,陕西人民出版社,1987。
9. 朱希祖:《六朝陵墓调查报告》,中央古物保管委员会,2006。

10. 刘庆柱、李毓芳：《陕西唐陵调查报告》，《考古学集刊》第 5 集，中国社会科学出版社，1987。
11. 南京博物院：《南唐二陵发掘报告》，文物出版社，1957。
12. 河南省文物考古研究所：《北宋皇陵》，中州古籍出版社，1997。
13. 宁夏文物考古研究所：《西夏陵》，东方出版社，1995。
14. 刘毅：《明代帝王陵墓制度研究》，人民出版社，2006。
15. 中国社会科学院考古研究所等：《定陵》，文物出版社，1990。
16 晏子有：《清东西陵》，中国青年出版社，2000。

《中国史话》总目录

系列名	序号	书名	作者
物质文明系列（10种）	1	农业科技史话	李根蟠
	2	水利史话	郭松义
	3	蚕桑丝绸史话	刘克祥
	4	棉麻纺织史话	刘克祥
	5	火器史话	王育成
	6	造纸史话	张大伟 曹江红
	7	印刷史话	罗仲辉
	8	矿冶史话	唐际根
	9	医学史话	朱建平 黄健
	10	计量史话	关增建
物化历史系列（28种）	11	长江史话	卫家雄 华林甫
	12	黄河史话	辛德勇
	13	运河史话	付崇兰
	14	长城史话	叶小燕
	15	城市史话	付崇兰
	16	七大古都史话	李遇春 陈良伟
	17	民居建筑史话	白云翔
	18	宫殿建筑史话	杨鸿勋
	19	故宫史话	姜舜源
	20	园林史话	杨鸿勋
	21	圆明园史话	吴伯娅
	22	石窟寺史话	常青
	23	古塔史话	刘祚臣

系列名	序号	书名	作者
物化历史系列（28种）	24	寺观史话	陈可畏
	25	陵寝史话	刘庆柱　李毓芳
	26	敦煌史话	杨宝玉
	27	孔庙史话	曲英杰
	28	甲骨文史话	张利军
	29	金文史话	杜勇　周宝宏
	30	石器史话	李宗山
	31	石刻史话	赵超
	32	古玉史话	卢兆荫
	33	青铜器史话	曹淑芹　殷玮璋
	34	简牍史话	王子今　赵宠亮
	35	陶瓷史话	谢端琚　马文宽
	36	玻璃器史话	安家瑶
	37	家具史话	李宗山
	38	文房四宝史话	李雪梅　安久亮
制度、名物与史事沿革系列（20种）	39	中国早期国家史话	王和
	40	中华民族史话	陈琳国　陈群
	41	官制史话	谢保成
	42	宰相史话	刘晖春
	43	监察史话	王正
	44	科举史话	李尚英
	45	状元史话	宋元强
	46	学校史话	樊克政
	47	书院史话	樊克政
	48	赋役制度史话	徐东升
	49	军制史话	刘昭祥　王晓卫

系列名	序号	书名	作者
制度、名物与史事沿革系列（20种）	50	兵器史话	杨毅　杨泓
	51	名战史话	黄朴民
	52	屯田史话	张印栋
	53	商业史话	吴慧
	54	货币史话	刘精诚　李祖德
	55	宫廷政治史话	任士英
	56	变法史话	王子今
	57	和亲史话	宋超
	58	海疆开发史话	安京
交通与交流系列（13种）	59	丝绸之路史话	孟凡人
	60	海上丝路史话	杜瑜
	61	漕运史话	江太新　苏金玉
	62	驿道史话	王子今
	63	旅行史话	黄石林
	64	航海史话	王杰　李宝民　王莉
	65	交通工具史话	郑若葵
	66	中西交流史话	张国刚
	67	满汉文化交流史话	定宜庄
	68	汉藏文化交流史话	刘忠
	69	蒙藏文化交流史话	丁守璞　杨恩洪
	70	中日文化交流史话	冯佐哲
	71	中国阿拉伯文化交流史话	宋岘

系列名	序号	书名	作者
思想学术系列（21种）	72	文明起源史话	杜金鹏　焦天龙
	73	汉字史话	郭小武
	74	天文学史话	冯时
	75	地理学史话	杜瑜
	76	儒家史话	孙开泰
	77	法家史话	孙开泰
	78	兵家史话	王晓卫
	79	玄学史话	张齐明
	80	道教史话	王卡
	81	佛教史话	魏道儒
	82	中国基督教史话	王美秀
	83	民间信仰史话	侯杰
	84	训诂学史话	周信炎
	85	帛书史话	陈松长
	86	四书五经史话	黄鸿春
	87	史学史话	谢保成
	88	哲学史话	谷方
	89	方志史话	卫家雄
	90	考古学史话	朱乃诚
	91	物理学史话	王冰
	92	地图史话	朱玲玲
文学艺术系列（8种）	93	书法史话	朱守道
	94	绘画史话	李福顺
	95	诗歌史话	陶文鹏
	96	散文史话	郑永晓
	97	音韵史话	张惠英
	98	戏曲史话	王卫民
	99	小说史话	周中明　吴家荣
	100	杂技史话	崔乐泉

系列名	序号	书名	作者
社会风俗系列（13种）	101	宗族史话	冯尔康　阎爱民
	102	家庭史话	张国刚
	103	婚姻史话	张　涛　项永琴
	104	礼俗史话	王贵民
	105	节俗史话	韩养民　郭兴文
	106	饮食史话	王仁湘
	107	饮茶史话	王仁湘　杨焕新
	108	饮酒史话	袁立泽
	109	服饰史话	赵连赏
	110	体育史话	崔乐泉
	111	养生史话	罗时铭
	112	收藏史话	李雪梅
	113	丧葬史话	张捷夫
近代政治史系列（28种）	114	鸦片战争史话	朱谐汉
	115	太平天国史话	张远鹏
	116	洋务运动史话	丁贤俊
	117	甲午战争史话	寇　伟
	118	戊戌维新运动史话	刘悦斌
	119	义和团史话	卞修跃
	120	辛亥革命史话	张海鹏　邓红洲
	121	五四运动史话	常丕军
	122	北洋政府史话	潘　荣　魏又行
	123	国民政府史话	郑则民
	124	十年内战史话	贾　维
	125	中华苏维埃史话	杨丽琼　刘　强
	126	西安事变史话	李义彬
	127	抗日战争史话	荣维木

系列名	序号	书名	作者
近代政治史系列（28种）	128	陕甘宁边区政府史话	刘东社 刘全娥
	129	解放战争史话	朱宗震 汪朝光
	130	革命根据地史话	马洪武 王明生
	131	中国人民解放军史话	荣维木
	132	宪政史话	徐辉琪 付建成
	133	工人运动史话	唐玉良 高爱娣
	134	农民运动史话	方之光 龚 云
	135	青年运动史话	郭贵儒
	136	妇女运动史话	刘 红 刘光永
	137	土地改革史话	董志凯 陈廷煊
	138	买办史话	潘君祥 顾柏荣
	139	四大家族史话	江绍贞
	140	汪伪政权史话	闻少华
	141	伪满洲国史话	齐福霖
近代经济生活系列（17种）	142	人口史话	姜 涛
	143	禁烟史话	王宏斌
	144	海关史话	陈霞飞 蔡渭洲
	145	铁路史话	龚 云
	146	矿业史话	纪 辛
	147	航运史话	张后铨
	148	邮政史话	修晓波
	149	金融史话	陈争平
	150	通货膨胀史话	郑起东
	151	外债史话	陈争平
	152	商会史话	虞和平
	153	农业改进史话	章 楷
	154	民族工业发展史话	徐建生
	155	灾荒史话	刘仰东 夏明方
	156	流民史话	池子华
	157	秘密社会史话	刘才赋
	158	旗人史话	刘小萌

系列名	序号	书名	作者	
近代中外关系系列（13种）	159	西洋器物传入中国史话	隋元芬	
	160	中外不平等条约史话	李育民	
	161	开埠史话	杜 语	
	162	教案史话	夏春涛	
	163	中英关系史话	孙 庆	
	164	中法关系史话	葛夫平	
	165	中德关系史话	杜继东	
	166	中日关系史话	王建朗	
	167	中美关系史话	陶文钊	
	168	中俄关系史话	薛衔天	
	169	中苏关系史话	黄纪莲	
	170	华侨史话	陈 民	任贵祥
	171	华工史话	董丛林	
近代精神文化系列（18种）	172	政治思想史话	朱志敏	
	173	伦理道德史话	马 勇	
	174	启蒙思潮史话	彭平一	
	175	三民主义史话	贺 渊	
	176	社会主义思潮史话	张 武　张艳国	喻承久
	177	无政府主义思潮史话	汤庭芬	
	178	教育史话	朱从兵	
	179	大学史话	金以林	
	180	留学史话	刘志强	张学继
	181	法制史话	李 力	
	182	报刊史话	李仲明	
	183	出版史话	刘俐娜	

系列名	序号	书名	作者
近代精神文化系列（18种）	184	科学技术史话	姜　超
	185	翻译史话	王晓丹
	186	美术史话	龚产兴
	187	音乐史话	梁茂春
	188	电影史话	孙立峰
	189	话剧史话	梁淑安
近代区域文化系列（11种）	190	北京史话	果鸿孝
	191	上海史话	马学强　宋钻友
	192	天津史话	罗澍伟
	193	广州史话	张　苹　张　磊
	194	武汉史话	皮明庥　郑自来
	195	重庆史话	隗瀛涛　沈松平
	196	新疆史话	王建民
	197	西藏史话	徐志民
	198	香港史话	刘蜀永
	199	澳门史话	邓开颂　陆晓敏　杨仁飞
	200	台湾史话	程朝云

《中国史话》主要编辑出版发行人

总 策 划	谢寿光	王　正	
执行策划	杨　群	徐思彦	宋月华
	梁艳玲	刘晖春	张国春
统　　筹	黄　丹	宋淑洁	
设计总监	孙元明		
市场推广	蔡继辉	刘德顺	李丽丽
责任印制	岳　阳		